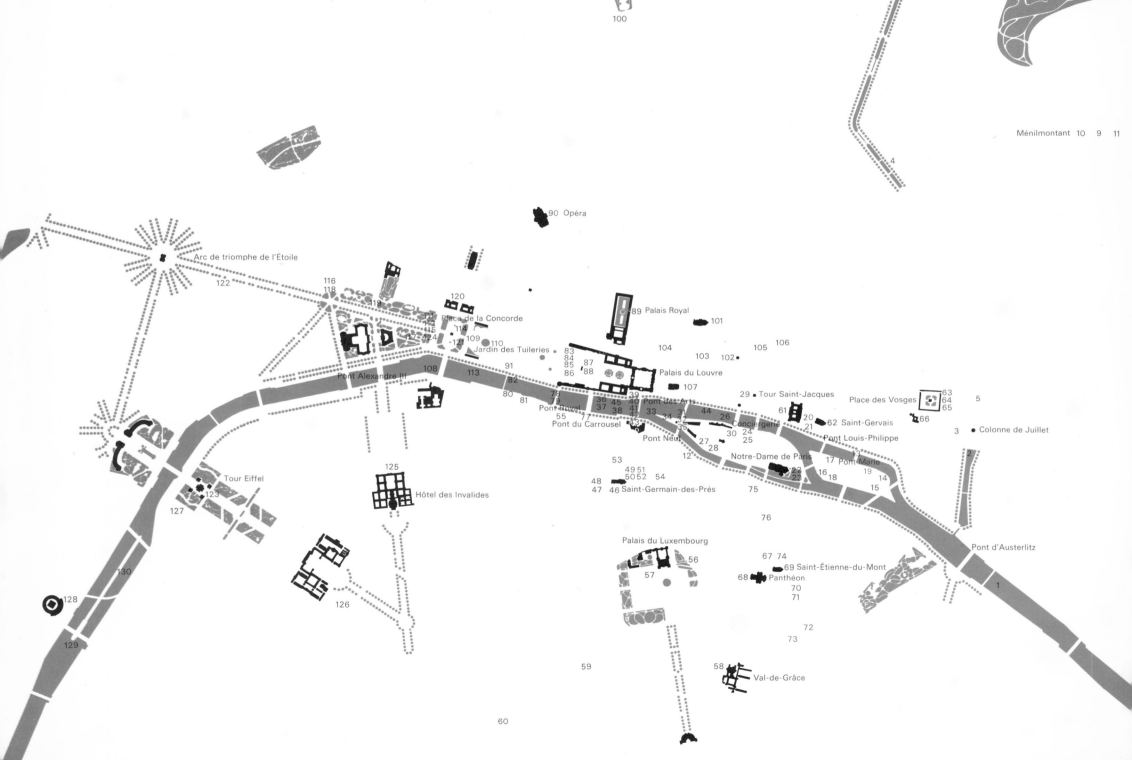

96

92 93 95 98 99 Sacré-Cœur de Montmartre   Rotonde de la Villette 8
97   94
100

Ménilmontant 10   9   11

90 Opéra

Arc de triomphe de l'Étoile
122

116   120
118   89 Palais Royal
          119   101
11   Place de la Concorde
          114
112   109
115
117 124 121   110 Jardin des Tuileries   83   104   105 106
                                     84   87   103 102
Pont Alexandre III   108   113   82   86   88   Palais du Louvre
                               91   107
                          80 79   29 Tour Saint-Jacques   Place des Vosges   63
                          81   Pont Royal   36 45 40 39   Pont des Arts   64   5
                               37 38 41 33 34 3   61   20   62 Saint-Gervais   65
                          55 77 42   35 32   44 26   25 21   Pont Louis-Philippe   66
          Pont du Carrousel   43 31   Conciergerie 30 24   3 Colonne de Juillet
                               Pont Neuf   27 28   12   Notre-Dame de Paris   17 Pont Marie   2
                                                                              19
          125   53   49 51   16 18   14
          Tour Eiffel   48   50 52 54   75   15
          123
127   126   47 46 Saint-Germain-des-Prés   75

                                                      76

130   Palais du Luxembourg
                                   56   67 74
                          57   69 Saint-Étienne-du-Mont
                                   68 Panthéon
128   70
                                          71
129   72
                                         73
          59   58 Val-de-Grâce

60

Hôtel des Invalides
Pont d'Austerlitz
1

PARIS

130 photographies de Gösta Wilander

Conception et mise en pages de Pierre Faucheux

Notices historiques d'Yvan Christ

PARIS

LAROUSSE

Gösta Wilander

ISBN 2-03-079902-5

Gösta Wilander au fil de la Seine

En mars 845, le dimanche de Pâques, une puissante flotte viking commandée par Ragnar Lodbrok remonte la Seine, atteint et pille Lutèce qu'ont abandonnée ses habitants. Qui s'en souvient, à part les historiens?

Onze siècles plus tard, un arrière-petit-neveu de ces rudes Normands débarque seul à Paris, décide qu'il y fait bon vivre et, durant quarante ans, sillonne, découvre, explore, inventorie ses rues, ses jardins, ses monuments. Puis, pendant les douze années suivantes, il s'arme d'un appareil photographique et mitraille pacifiquement notre capitale.

La mise à sac de Paris par ce piéton suédois est autrement bénéfique que celle de ses lointains ancêtres navigateurs. Au surplus, le butin dont Gösta Wilander s'est emparé, il le rend, et le rend magnifié. Que le lecteur en juge par cette sélection de 130 photos — entre 4 000 — qui nous ont paru les plus significatives d'un talent — le talent d'un poète et d'un peintre — qui a pris tout son temps pour regarder et aimer Paris.

Gösta Wilander along the Seine

In March 845, on Easter Sunday, a powerful Viking fleet commanded by Ragnar Lodbrok sailed up the Seine as far as Lutetia, found the city deserted and plundered it. But apart from historians, few would remember.

Eleven centuries later, a great-grand-nephew of the warlike Normans made a solitary descent on Paris, decided it was good to live there and for 40 years scoured the city, discovering, exploring and cataloguing streets, gardens, and monuments. Then he armed himself with a camera, and for another 12 years peacefully bombarded the capital.

The sack of Paris by a Swedish photographer on foot has been profitable in a different way from the onslaught of his remote seafaring ancestors. Gösta Wilander has returned his booty, and returned it magnified. The reader will judge from the 130 photographs we have chosen—from among 4 000—as best representing the talent of a poet and a painter who has taken all his time to look at and to love Paris.

Gösta Wilander an der Seine entlang

Im März 845, am Ostersonntag, fährt eine mächtige Wikingerflotte unter der Führung Ragnar Lodbroks die Seine hinauf. Sie gelangt zu Lutetia und plündert die von den Einwohnern verlassene Siedlung. Außer den Historikern, wer erinnert sich an dieses Ereignis?

Elf Jahrhunderte später kommt ein Urenkel dieser rauhen Normannen allein nach Paris. Er findet, daß es sich in der Hauptstadt gut leben läßt : er durchzieht und entdeckt die Straßen, die Gärten und die Denkmäler. Im Verlaufe von 40 Jahren macht er das Inventar der Sehenswürdigkeiten der Stadt. Dann hängt er sich einen Photoapparat um und in den folgenden 12 Jahren schießt er ganz friedlich auf Objekte der Hauptstadt.

Dieser schwedische Spaziergänger durchstöbert unaufhaltsam Paris, doch auf wohltuendere Art als seine fernen Vorfahren. Seine Beute, der er viel Eigenes hinzugefügt hat, macht uns Gösta Wilander zu einem prachtvollen Geschenk. 4 000 Photos standen zur Auswahl : der Leser möge selbst anhand von 130 Aufnahmen urteilen, die uns am repräsentativsten für die künstlerische Begabung eines Mannes scheinen, der zugleich Dichter und Maler ist und sich die ganze Zeit ließ, um Paris zu betrachten und liebzugewinnen.

Gösta Wilander nos lleva a lo largo del Sena

En marzo del año 845, el domingo de Resurrección, unas potentes embarcaciones vikingas, bajo el mando de Ragnar Lodbrok, suben el Sena hasta Lutecia y saquean la ciudad abandonada por sus habitantes. Aparte los historiadores ¿quién se acuerda de ese acontecimiento?
Once siglos más tarde, un descendiente de aquellos temibles normandos llega solo a París, urbe cuya vida encuentra agradable, y, durante 40 años, recorre, descubre, explora y clasifica sus calles, jardines y monumentos. Luego pasa doce años enfocando pacíficamente el objetivo de su cámara hacia todos los rincones de la capital francesa.
El « saqueo » de París efectuado por este paseante sueco es mucho más provechoso que el de sus antepasados marineros. Además, Gösta Wilander devuelve siempre embellecido lo que ha captado. El lector podrá comprobarlo al mirar las 130 fotos que, de las 4 000 presentadas, nos parecieron más representativas del talento de un poeta y pintor que ha sabido contemplar y apreciar París con todo el detenimiento requerido.

ゲスタ・ヴィランデルがセーヌの流れに沿って……

　西暦845年3月，復活祭の日曜日，ラグナー・ロドブロックの率いる強大なヴァイキングの船隊が，セーヌ河を遡りました。
　そして，住人が打ち捨てたリュテチアに到達し，掠奪の限りをつくしました（リュテチアは当時のパリの名です）。
　11世紀ののち，この恐るべきノルマン海賊団の子孫のひとりが，佳き生活を求めて，北の国からひとりパリにたどりつきました。
　それから彼は，この都に居を定めると，40年の間パリを，その街々を，庭園を，建築物の数々を，縦横にかけめぐり，発見し，探索し，精細な目録を作りあげていきました。
　そして，そのあとの12年間，今度はカメラとうい武器を手に，われわれの首都を狙い，静かにそのイメージを撮りまくっていきました。
　この平和なスウェーデンの歩行者が，レンズを通して果たしたパリの捕獲は，大昔の先祖のそれにくらべてはるかに実り多いものでした。
　その上，ゲスタ・ヴィランデルは，彼の獲物を一冊のすばらしい本にして，われわれに返してくれたのです。
　その成果は，彼の4000に余る作品の中から，ここに選ばれた詩人として画家としての才能が，もっともゆたかに表現されている130のカラー写真——かくも長い長い時間をかけてパリを見つめ愛してきた130のカラー写真——によって読者に判断していただきたいと思います。

Du pont d'Austerlitz à Ménilmontant

From the pont d'Austerlitz to Ménilmontant

Von der Pont d'Austerlitz zu Ménilmontant

Del puente de Austerlitz a Menilmontant

オーステルリッツ橋からメニルモンタンへ

1   Pont et viaduc d'Austerlitz
Pont d'Austerlitz and viaduct
Die Pont d'Austerlitz
Puente y viaducto de Austerlitz
オーステルリッツ橋と陸橋

2

Le Génie de la Bastille et
la gare fluviale de l'Arsenal

The Genius of Liberty,
place de la Bastille
and the docks at the Arsenal

Die Julisäule und der
Binnenhafen vom Arsenal

Genio de la Bastilla
y estación fluvial del Arsenal

バスティーユ広場中央の7月の
円柱の頂上に舞う、〝自由の天使〟
の姿を背景にした
セーヌ河のアルスナル河 港

3

La rue du Faubourg-
Saint-Antoine
un 11-Novembre

Rue du Faubourg-Saint-Antoine,
November 11th

Die Rue du Faubourg-
Saint-Antoine
an einem Feiertag

Calle del Faubourg-
Saint-Antoine
un día de fiesta

祭りの日のフォーブル・サン
・タントワー ヌ町（11月11日第
次世界大戦終戦記念日）

6, 7 Le bassin de La Villette
The docks at La Villette
Das Hafenbecken von La Villette
Represa de La Villette
ラ・ヴィレットの濠

8

8 Le pavillon Ledoux, place de Stalingrad
   Pavilion designed by Ledoux, place de Stalingrad
   Der Pavillon Ledoux am Stalingrad-Platz
   Edificio Ledoux en la plaza de Stalingrado
   スターリングラード広場のルドー館

9 Ménilmontant
   Ménilmontant
   Stadtviertel Ménilmontant
   Menilmontant
   メニルモンタン

10   La rue Vilin à Ménilmontant   11   Rue de la Mare à Ménilmontant
Rue Vilin, Ménilmontant   *Rue de la Mare, Ménilmontant*
Die Rue Vilin in Ménilmontant   Die Rue de la Mare in Ménilmontant
Calle Vilin en el barrio de Menilmontant   *Calle de la Mare en Menilmontant*
メニルモンタンのヴィラン町   メニルモンタンのド・ラ・マール町

12   Bouquinistes, quai des Grands-Augustins
Second-hand booksellers along the quai des Grands-Augustins
« Bouquinistes » am Quai des Grands-Augustins
Libreros de lance en el muelle de Grands-Augustins
グラン・オーギュスタン河岸に並ぶ古本屋

De l'île Saint-Louis au pont des Arts

From the île Saint-Louis to the pont des Arts

Von der Insel Saint-Louis bis zur berühmten Brücke Pont des Arts

De la Isla de San Luis al Pont des Arts

サン・ルイ島から芸術橋へ

13 Le pont Marie
Pont Marie
Die Pont Marie
El Puente Marie
マリ―橋

14   L'hôtel Lambert, quai d'Anjou
Hôtel Lambert, quai d'Anjou
Der Hôtel Lambert am Quai d'Anjou
Palacio de Lambert (muelle de Anjou)
アンジュー河岸のラムベール屋敷

15   L'hôtel Bretonvilliers, quai de Béthune
Hôtel Bretonvilliers, quai de Béthune
Der Hôtel Bretonvilliers am Quai de Béthune
Palacio de Bretonvilliers (muelle de Béthune)
ベテューヌ河岸のブルトンヴィリィエ屋敷

16 Le quai d'Orléans
Quai d'Orléans
Der Quai d'Orléans
Muelle de Orléans
オルレアン河岸

17 Les berges du quai Bourbon
The embankment, quai Bourbon
Das Seineufer am Quai de Bourbon
Riberas del Sena en el muelle Borbón
ブールボン河岸の堤で

18   Une maison du quai d'Orléans
A house on the quai d'Orléans
Ein Haus am Quai d'Orléans
Muelle de Orléans
オルレアン河岸のある家

19   Le quai d'Anjou
Quai d'Anjou
Der Quai d'Anjou
Muelle de Anjou
アンジュー河岸

20 L'église Saint-Gervais, le pont Louis-Philippe
et l'île Saint-Louis vus du quai aux Fleurs
*The church of Saint-Gervais, the pont Louis-Philippe
and the île Saint-Louis seen from the quai aux Fleurs*
Die Kirche Saint-Gervais, die Pont Louis-Philippe
und die Insel Saint-Louis vom Quai aux Fleurs aus gesehen
*Panorámica tomada desde el muelle de las Flores con la iglesia
de Saint-Gervais, el puente de Luis Felipe y la isla de San Luis*
花の河岸からながめたサン・ジェルベ寺院，ルイ・フィリップ橋とサン・ルイ島

21 Notre-Dame et le quai aux Fleurs vus du quai de l'Hôtel-de-Ville
Notre-Dame and the quai aux Fleurs seen from the quai de l'Hôtel-de-Ville
Notre-Dame und der Quai aux Fleurs vom Quai de l'Hôtel-de-Ville aus gesehen
Vista de Nuestra Señora de París y del muelle de las Flores desde el Ayuntamiento
市庁河岸からながめたノートルダム寺院と　花の河岸

22

Arbres et ciel sur Notre-Dame de Paris
Trees and sky over Notre-Dame de Paris
Bäume auf dem Himmel über Notre-Dame
Nuestra Señora de París se perfila
en el cielo entre los árboles
ノートルダム寺院の上の樹々と空

23

Le chevet de Notre-Dame de Paris
The apse of Notre-Dame de Paris
Das Chorhaupt von Notre-Dame
Parte trasera de Nuestra Señora de París
ノートルダム寺院の後陣

24

25

24, 25

Le marché aux fleurs, place Louis-Lépine
The flower market, place Louis-Lépine
Der Blumenmarkt am Louis-Lépine-Platz
Mercado de las Flores, plaza Louis-Lépine
ルイ・レピーヌ広場の花市

26

La Conciergerie
The Conciergerie
Die Conciergerie
La Conserjería
ラ・コンシェルジュリー
夜のパリ裁判所付属監獄

27 La Seine au quai des Orfèvres
The Seine at the quai des Orfèvres
Die Seine am Quai des Orfèvres
El Sena en el muelle de Orfevres
オルフェーブル河岸のほとりを流れるセーヌ河

28 Le quai des Orfèvres
Quai des Orfèvres
Der Quai des Orfèvres
El muelle de Orfevres
オルフェーブル河岸

29   La place du Châtelet, la tour Saint-Jacques
et le théâtre Sarah-Bernhardt, devenu le Théâtre de la Ville
*Place du Châtelet, the tour Saint-Jacques
and the théâtre Sarah-Bernhardt, now the Théâtre de la Ville*

**Der Platz Châtelet mit dem Turm Saint-Jacques
und dem Théâtre de la Ville, ehem. Théâtre Sarah-Bernhardt**
*Plaza de Châtelet, Torre de Saint-Jacques y teatro Sarah-Bernhardt,
hoy teatro de la Ville*

シャトレ広場。サン・ジャック塔。テアト　ル・ド・ラ・ヴィル（旧サラベルナール劇場）

30   La tour de l'Horloge, à l'angle du boulevard du Palais
et du quai de l'Horloge
*The tour de l'Horloge at the corner of the boulevard du Palais
and the quai de l'Horloge*

**Der Uhrturm an der Ecke des Boulevard du Palais
und des Quai de l'Horloge**
Torre del Reloj entre el bulevar del Palais y el muelle de l'Horloge

ブールバール・デュ・パレ　ケイ・ド・ロルロージュ
司法庁大通りと　時計河岸　の角にある時計塔

31 Quai de la Seine au niveau du Pont-Neuf
    The quai de la Seine at the Pont-Neuf
    Kai bei der Seine am Fuß der Pont Neuf
    Muelle del Sena a la altura del Pont-Neuf
    ポンヌーフ附近のセーヌ河のほとり

32 Henri IV, le Vert galant
    Henri IV, the "Vert galant"
    Heinrich IV., der « immergrüne Galant ».
    Reiterstandbild auf der Bastion der Brücke
    El rey Enrique IV
    アンリ4世像（ベール・ガラン）

33   La pointe du square du Vert-Galant et le pont des Arts
The point of the Square du Vert-Galant and the pont des Arts
Die Inselspitze im Square du Vert-Galant
Parte de la plaza del Vert-Galant y Pont des Arts
セーヌ河中につき出したスクワール・ベール・ガラン小公園の先端とポン・デ・ザール芸術橋

34   Le square du Vert-Galant inondé
The Square du Vert-Galant at high-water
Der Square du Vert-Galant bei einer Überschwemmung
Plaza del Vert-Galant en una crecida del río
セーヌの水に浸ったベール・ガラン小公園

35

Maisons de la place du Pont-Neuf, à l'entrée de la place Dauphine
Houses in the place du Pont-Neuf, at the entrance to the place Dauphine
Eingang zum Dauphine-Platz auf der Pont Neuf : alte Häuser
Casas de la plaza del Pont-Neuf, en la entrada de la plaza Dauphine
ドーフィヌ広場の入り口にあるポン・ヌーフ広場の家々

36　La brigade fluviale des pompiers de Paris
et le palais du Louvre
The river fire-brigade and the Louvre
Die Flußbrigade der Pariser Feuerwehr. Im Hintergrund,
der quadratische Schloßhof des Louvre
*La brigada fluvial de los bomberos de París;
al fondo, el Louvre*
セーヌ河水上消防隊とルーブル宮の柱廊

37

Bateau-pompe en action
A fire-float in action
Ein Feuerwehrboot mit den Feuerspritzen
Barco de bomberos en acción
活動中のポンプ船

38

Le pont des Arts et, dans l'île de la Cité,
la Sainte-Chapelle et Notre-Dame
*The pont des Arts with the Sainte-Chapelle
and Notre-Dame on the île de la Cité*
**Die Sainte-Chapelle und Notre-Dame
auf der Cité-Insel. Vorne der Pont des Arts**
*Pont des Arts, la Santa Capilla y
Nuestra Señora de París, en la isla de la Cité*
ポン・デ・ザール
芸術橋およびシテ島の中のサント・シャッ
ペル寺院、ノートルダム寺院

39   Le pont des Arts et, à droite, l'Institut de France
The pont des Arts, and the Institut de France to the right
Die Pont des Arts und das Institut de France
Pont des Arts y, a la derecha, Instituto de Francia
ポン・デ・ザール　フランス・アカデミー
芸術橋と右手の学士院

40   Baudelaire sur le pont des Arts
Baudelaire on the pont des Arts
Baudelaire auf der Pont des Arts
Dibujo de Baudelaire pintado en el Pont des Arts
ポン・デ・ザール
芸術橋上のボードレール

41, 42, 43

Sur le pont des Arts
On the pont des Arts
Auf der Pont des Arts
Escenas en el Pont des Arts
ポン・デ・ザール
芸術橋の上で

44　Péniches sur la Seine
Barges on the Seine
Kähne auf der Seine
Gabarras en el Sena
セーヌ河上の伝馬船

De Saint-Germain-des-Prés à Montparnasse

From Saint-Germain-des-Prés to Montparnasse

Von Saint-Germain-des-Prés nach Montparnasse

De Saint-Germain-des-Prés a Montparnasse

サン・ジェルマン・デ・プレから　モンパルナスへ

45

Le palais du Louvre et le pont des Arts
The palais du Louvre and the pont des Arts
Der Louvre-Palast und die Pont des Arts
El Louvre y el Pont des Arts
ルーブル宮と芸術橋

46　Saint-Germain-des-Prés et la statue de Diderot
The church of Saint-Germain-des-Prés and the statue of Diderot
Die Abteikirche und die Statue von Diderot
Iglesia de Saint-Germain-des-Prés y estatua de Diderot
サン・ジェルマン・テ・フレ寺院と18世紀 の哲学者・文学者ティドロの像

47   La brasserie Lipp, boulevard Saint-Germain
The Brasserie Lipp, boulevard Saint-Germain
Das berühmte Restaurant « Lipp », im Boulevard Saint-Germain
Restaurante Lipp en Saint-Germain-des-Prés
サン・ジェルマン大通りのカフェ・レスト ラン "ブラッスリー・リップ"

48   *Aux Deux Magots*, place Saint-Germain-des-Prés
Aux Deux Magots, *place Saint-Germain-des-Prés*
Das bekannte Café, *Aux Deux Magots*, am Saint-Germain-des-Prés-Platz
Café Aux Deux Magots *en la plaza de Saint-Germain-des-Prés*
サン・ジェルマン・デ・プレ広場の文学カフェ "デュー・マゴ"

49, 50 La place et la rue de Furstenberg
Place de Furstenberg and rue de Furstenberg
Die alte Rue de Fürstenberg mit seinem Platz
Plaza y calle de Furstenberg
ヒュルステンベルグ広場と町

51

Une concierge de Paris
A concierge
Pariser Portierfrau
Una portera parisiense
パリの門番

52   Rue de l'Abbaye
Rue de l'Abbaye
Die Rue de l'Abbaye
Calle de l'Abbaye
僧院町

53
Une cour, rue Jacob
A courtyard, rue Jacob
Innenhof in der Rue Jacob
Patio de una casa en la calle Jacob
ジャコブ町の中庭

54   Ce soir, la Loterie nationale
Selling Lottery tickets
« Heute Abend Staatslotterie » (eine Verkäuferin von Lotterielosen)
Venta de billetes de la Lotería Nacional el día del sorteo
今夜は抽籤日！　国営宝くじ売りのおばあさん

55   Maisons du quai Voltaire, à l'angle de la rue de Beaune
Houses on the quai Voltaire, at the corner of the rue de Beaune
Alte Häuser am Quai Voltaire, an der Ecke der Rue de Beaune
Casas del muelle Voltaire en la esquina de la calle de Beaune
デュ・ヴォーヌ町との角にあるヴォルテール河岸の家々

56

La fontaine Médicis,
jardin du Luxembourg
*The Medici Fountain
in the Luxembourg gardens*
Die Fontäne Medicis.
Figuren des Brunnenbeckens
*Fuente de Médicis
en el parque de Luxemburgo*
リュクサンブール公園のメディシス
の泉水

57

Le jardin et le palais
du Luxembourg
*The palais du Luxembourg
and the gardens*
Die Luxembourg-Parkanlage
mit dem Palastgebäude
im Hintergrund
Parque y Palacio de Luxemburgo
リュクサンブール公園と宮殿

58   Le dôme du Val-de-Grâce   59   *La Coupole*, boulevard du Montparnasse
The dome of the Val-de-Grâce   La Coupole, *boulevard du Montparnasse*
Die Kuppel der Kapelle des Militärhospitals Val-de-Grâce   Weltberühmtes Café *La Coupole* am Boulevard du Montparnasse
La cúpula del Val-de-Grâce y calle del mismo nombre   *La Coupole : café y restaurante en el bulevar de Montparnasse*

ヴァル・ド・グラス寺院（現パリ陸軍病院）の門屋根   モンパルナス大通りの大きいレストラン　"ラ・クーポール"

De l'Hôtel-de-Ville au Marais

From the Hôtel de Ville to the Marais

Vom Hôtel de Ville zum Stadtviertel des Marais

Del Ayuntamiento al barrio del Marais

パリ市庁舎からマレー地区へ

Maine-Montparnasse et la nouvelle gare
Maine-Montparnasse and the new station
Der Komplex Maine-Montparnasse und der neue Bahnhof
Urbanización Maine-Montparnasse y nueva estación
メーヌ・モンパルナス界隈の最新建築のひ とつとモンパルナス新駅

61 L'Hôtel de Ville en fête
The Hôtel de Ville on a public holiday
Das Rathaus an einem Feiertag
El Ayuntamiento engalanado
三色旗で飾られた祝日のパリ市庁舎

62

L'église Saint-Gervais, rue François-Miron
The church of Saint-Gervais, rue François-Miron
Das Seitenschiff der Kirche Saint-Gervais in der Rue François-Miron
Iglesia de Saint-Gervais en la calle François-Miron
フランソワ・ミロン町のサン・ジェルヴェ教会

63   La place des Vosges
Place des Vosges
Die Platzanlage des Place des Vosges
Plaza de los Vosgos
ヴォージュ広場

64

La fontaine de la place des Vosges
The fountain in the place des Vosges
Der Brunnen am Place des Vosges
Fuente en la plaza de los Vosgos
ヴォージュ広場の泉水

65

Place des Vosges : le jardin public
The gardens in the place des Vosges
Der Garten
Jardín público en la plaza de los Vosgos
冬のヴォージュ広場の公園

66

L'hôtel Sully, rue Saint-Antoine
Hôtel Sully, rue Saint-Antoine
Der Ehrenhof des Hôtel Sully, in der Rue Saint-Antoine
Palacio de Sully en la calle Saint-Antoine
サン・タントワーヌ町のシュリー屋敷

La montagne Sainte-Geneviève

The montagne Sainte-Geneviève

Das Viertel der Montagne Sainte-Geneviève

La colina de Santa Genoveva

サン・ジュヌヴィエーブの丘

67   Le Panthéon et Saint-Étienne-du-Mont
      se profilant sur la rive gauche de la Seine
      The Panthéon and Saint-Étienne-du-Mont outlined against the sky
      above the left bank of the Seine
      Über die Dächer der Häuser des linken Seineufers ragen das Pantheon
      und die Kirche Saint-Étienne-du-Mont hinaus
      Vista de la orilla izquierda del Sena; al fondo, el Panteón
      y la iglesia de Saint-Étienne-du-Mont
      セーヌの左岸にくっきりとうかぶパンテオ
      ン霊廟とサン・テチェンヌ・デュ・モン寺院

68

La statue de Charlemagne et le Panthéon
Statue of Charlemagne and the Panthéon
Das Reiterstandbild Karls den Großen
und die Kuppel des Pantheons im Hintergrund
Estatua de Carlomagno; al fondo, el Panteón
シャルルマーニュ（カルル大帝）像とパン テオン

69　Le jubé de Saint-Étienne-du-Mont
The rood-screen in Saint-Étienne-du-Mont
Der Lettner der Kirche Saint-Étienne-du-Mont
Galería que separa el coro del trascoro en Saint-Étienne-du-Mont
サン・テチェンヌ・テュ・モン寺院内部，内陣桟敷

70, 71   La rue Lacépède à l'angle de la place de la Contrescarpe
Rue Lacépède at the corner of the place de la Contrescarpe
Die Rue Lacépède an der Ecke des Contrescarpe-Platzes
Calle Lacépède en la plaza de la Contrescarpe
コントレスカルプ広場の角のラスペード町

72

Le marché de la rue Mouffetard
The market in the rue Mouffetard
Markttag in der Rue Mouffetard
Mercado de la calle Mouffetard
ムフタール町の市場

73

Bistrot à l'angle de la rue Tournefort
A "bistrot" at the corner of the rue Tournefort
« Bistrot » in der Rue Tournefort
Restaurante en una de las esquinas
de la calle Tournefort
トゥールヌ・フォール町の角の酒場

74 Murs ruinés dans une rue voisine du Panthéon
Ruined walls in a street near the Panthéon
Abbruch in einer Straße nahe beim Pantheon
Muros derruidos en las cercanías del Panteón
パンテオン附近の町の古くくずれた壁

75 Vieilles maisons, rue Galande
Old houses, rue Galande
Alte Häuser in der Rue Galande
Casas viejas en la calle Galande
ガランド町の古い家々

Du Louvre à l'Opéra

From the Louvre to the Opéra

Vom Louvre zur Oper

Del Louvre a la Ópera

ルーブルからオペラへ

76
La fontaine du marché des Carmes
The fountain in the marché des Carmes
Der Brunnen am Martkplatz in der Rue des Carmes
Fuente en el Mercado de las Carmelitas
カルム市場の泉水

77 Le quai Voltaire et le pont du Carrousel
vus à travers les guichets du Louvre
Quai Voltaire and the pont du Carrousel
seen through the archways of the Louvre
Der Quai Voltaire und die Pont du Carrousel
durch die Toroforten des Louvre

Arcadas del Louvre; al fondo, el muelle Voltaire
y el puente del Carrusel

ルーブル美術館の入り口を通して見たヴォ
ルテール河岸とカルーセル橋

78, 79

Le pont Royal
Pont Royal
Die Pont Royal
El Pont Royal
ポン・ロワイヤル
国 王 橋

 80

 81

80, 81

Plaisirs des berges
Enjoying the embankments
Bummeln am Seineufer
Escenas en las orillas del Sena
セーヌ河のほとりの楽しいひととき

82

La Seine au quai des Tuileries
The Seine at the quai des Tuileries
Die Seine am Quai des Tuileries
El Sena : muelle de las Tullerías
テュイルリー河岸を流れるセーヌ

83 Le jardin des Tuileries
The Tuileries gardens
Der Tuileriengarten
Jardín de las Tullerías
テュイルリー公園

84 Neige au jardin des Tuileries
Snow in the Tuileries gardens
Der Garten unter dem Schnee
Día de nieve en el jardín de las Tullerías
雪のテュイルリー公園

87 L'Arc de Triomphe de l'Étoile et l'obélisque de la Concorde
à travers l'arc du Carrousel
*The Arc de Triomphe de l'Étoile and the Obelisk
in the place de la Concorde, seen through the Arc du Carrousel*
Der Triumphbogen und der Obelisk des Concorde-Platzes
vom Bogen des Carrousel aus gesehen
*El Arco de Triunfo de la Estrella y el obelisco de la Concordia,
a través del Arco de Triunfo del Carrusel*
カルーセルの小凱旋門を通してながめたエ
トワール広場の大凱旋門とコンコルド広場 のオベリスク

85

Les Trois Grâces, par Maillol
The Three Graces, *by Maillol*
Die drei Grazien von Maillol
Las Tres Gracias, *por Maillol*
マイヨール作 "優美の三女神像"（テュイ ルリー公園）

86

La Rivière, par Maillol
The River, *by Maillol*
Der Fluß von Maillol
El Rio, *escultura de Maillol*
マイヨール作 " 川"（テュイ ルリー公園）

La statue de La Fayette et, sur la droite, l'arc de triomphe du Carrousel
Statue of La Fayette, and the Arc du Carrousel to the right
Das Reiterstandbild La Fayettes und rechts der Triumphbogen vom Carrousel
Estatua de La Fayette y, a la derecha, el Arco de Triunfo del Carrusel
ラ・ファイエット将軍像と，右手に見える　カルーセルの小凱旋門

89　L'entrée sud des jardins du Palais-Royal
The South entrance to the gardens of the Palais-Royal
Der Südeingang zum Garten des Palais-Royal
Jardines del Palacio Real
パレー・ロワイヤル公園，南側入り口

Montmartre

Montmartre

Montmartre

Montmartre

モンマルトル

90
Le théâtre de l'Opéra
The Opéra
Das Opernhaus
Teatro de la Ópera
オペラ座

91 Le Sacré-Cœur vu de la Seine
The Sacré-Cœur seen from the Seine
Die Kuppel der Kirche Sacré-Cœur
von dem Seineufer aus gesehen
Vista del Sagrado Corazón tomada desde el Sena
セーヌ河からながめた白いサクレ・クール　寺院

92, 93, 94   La rue Norvins, la rue Sainte-Rustique et la rue Gabrielle
Rue Norvins, rue Sainte-Rustique and rue Gabrielle
Die Rue Norvins, die Rue Sainte-Rustique und die Rue Gabrielle
Calles Norvins, Sainte-Rustique y Gabrielle
ノルヴァン町。サント・リュスティック町。ガブリエル町。

92

95   *Au Lapin agile*, rue des Saules
Au Lapin agile, *rue des Saules*
Das Cabaret *Au Lapin agile*, in der Rue des Saules
Au Lapin agile, *calle des Saules*
リュ・デ・ソール
柳町の古いキャバレー "はねうさぎ"

96 La rue Saint-Vincent   97 Le Moulin de la Galette
    Rue Saint-Vincent   *The Moulin de la Galette*
    Die Rue Saint-Vincent   **Das alte Ballhaus** *Moulin de la Galette*
    Calle Saint-Vincent   *El Molino de la Galette*
    サン・ヴァンサン町   ムーラン・ド・ラ・ガレット
                                    ガレット風車

99 La butte Montmartre et les hélicoptères
Helicopters over the hill of Montmartre
Hubschrauber über dem Montmartrehügel
Helicópteros volando por encima de la colina de Montmartre
モンマルトルの丘と，上を飛ぶヘリコプター 一の群れ

98 Anatole, le garde champêtre de Montmartre
Anatole, the garde-champêtre
Anatole, der Feldhüter des Hügels
Anatole, guarda jurado de Montmartre
モンマルトルのおもむきある人物：アナト ール氏

Les Halles

The Halles

Das Hallenviertel

El barrio del Mercado Central (Les Halles)

レ・アール地区 （旧パリ中央市場地区）

100
Panorama en direction de Montmartre
Panorama of Paris looking towards Montmartre
Rundblick nach Montmartre
Vista parcial de París con el Sagrado Corazón al fondo
モンマルトルの丘にむかって開けるパリ市 のパノラマ

101 L'église Saint-Eustache
The church of Saint-Eustache
Die Kirche Saint-Eustache
Iglesia de Saint-Eustache
サントュスターシュ寺院

102

La fontaine des Innocents
The fountain of the Innocents
Square des Innocents : die Fontäne
Fuente de los Inocentes
イノサンの噴水

103

La rue Saint-Honoré
Rue Saint-Honoré
Die Rue Saint-Honoré
Calle Saint-Honoré
サントノレ町

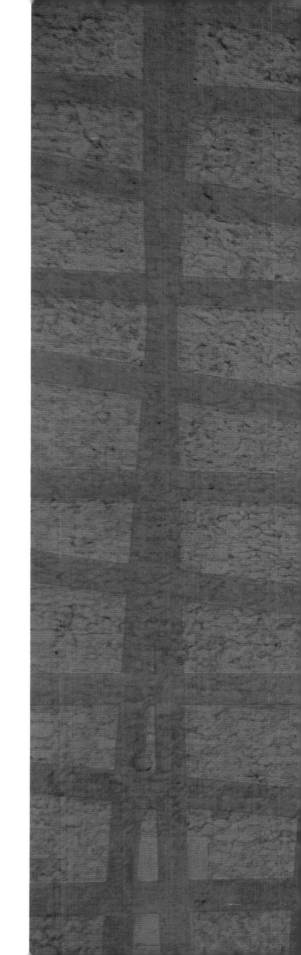

104   Vieux murs, rue du Louvre
Old walls, rue du Louvre
Alte Häuserwände in der Rue du Louvre
Muros en la calle del Louvre
ルーブル町の古い壁

105   Les murs peints du plateau Beaubourg, par Morellet
Walls painted by Morellet, plateau Beaubourg
Von Morellet bemalte Mauer auf dem Gelände Beaubourg
Murales de Morellet en el « plateau Beaubourg »
プラトー・フォーブルグの彩られた壁。　モルレ作

106　Femmes à leur fenêtre, rue des Étuves-Saint-Martin
Women at their window, rue des Étuves-Saint-Martin
Frauen am Fenster in der Rue des Étuves-Saint-Martin
Mujeres en una ventana de la calle de Étuves-Saint-Martin
エテューブ・サン・マルタン町の窓による　女達

107　Toits près de Saint-Germain-l'Auxerrois
Roofscape near Saint-Germain-l'Auxerrois
Blick über die Dächer nahe bei der Kirche Saint-Germain-l'Auxerrois
Tejados en las cercanías de Saint-Germain-l'Auxerrois
サン・ジェルマン・ロークセロワ寺院近く　の屋根

De la Concorde à l'Étoile

From Concorde to Étoile

Vom Concorde-Platz zum Étoile-Platz

De la Concordia a la plaza de la Estrella

コンコルド広場からエトワール広場へ

La Seine devant le palais Bourbon, siège de l'Assemblée nationale
The Seine below the palais Bourbon, the seat of the National Assembly
Die Seine vor dem Palais-Bourbon, dem Sitz der Nationalversammlung
El Sena a su paso por delante de la Asamblea Nacional o Palacio Borbón
パレ・ブールボン
国会議事堂前を流れるセーヌ河

109

109 La terrasse de l'Orangerie des Tuileries
et les jardins des Champs-Élysées
*The terrace of the Orangerie in the Tuileries
and the gardens in the Champs-Élysées*
Die Terrasse vor der Orangerie im Tuileriengarten
und die Parkanlagen an den Champs-Élysées
*Terraza de la Orangerie de las Tullerías y parte arbolada
de los Campos Elíseos*
テュイルリー公園のオランジュリーのテラスと，シャンゼリゼ公園

110 L'hiver à Paris : le jardin des Tuileries
et l'obélisque de Louxor, place de la Concorde
*Paris in winter: the Tuileries gardens
and the Obelisk from Luxor, place de la Concorde*
Winter in Paris : die Tuilerien und der Obelisk von Luxor
auf dem Concorde-Platz
*París en invierno : jardín de las Tullerías y obelisco de Luxor
en la plaza de la Concordia*
冬のパリ。テュイルリー公園と，コンコルド広場のルクソールのオベリスク ▶

111　*La Renommée*, par Coysevox, place de la Concorde
Fame, by Coysevox, place de la Concorde
Der Ruf von Coysevox am Concorde-Platz
La fama, *por Coysevox (plaza de la Concordia)*
コンコルド広場の "名声の女神像。" コワズヴォ作

112　L'obélisque et les chevaux de Marly,
　　à l'entrée de l'avenue des Champs-Élysées
*The Obelisk and the Marly horses at the entrance
to the avenue des Champs-Élysées*
Der Obelisk und die Pferde von Marly
am Eingang der Champs-Élysées
*El obelisco y los caballos de Marly al principio
de la avenida de los Campos Elíseos*
オベリスクと、シャンゼリゼ大通り入り口
を飾る "マルリーの馬" の像

113   Le port des Tuileries et la Concorde
The wharf at the Tuileries and place de la Concorde
Die Anlegestelle neben den Tuilerien vor dem Platz
Puerto de las Tullerías y plaza de la Concordia
テュイルリーの船着場とコンコルド広場

114

Soleil couchant sur les Champs-Élysées un 5 août
Sunset in the Champs-Élysées, early August
Sonnenuntergang über dem Concorde-Platz im Sommer
Puesta del Sol en los Campos Elíseos el 5 de agosto
ある8月5日，シャンゼリゼ大通りの上に　落ちる夕陽

115　Un des chevaux de Marly, par Coustou, place de la Concorde
Cheval de Marly, by Coustou, place de la Concorde
Pferdestatue von Marly von Coustou auf dem Concorde-Platz
Caballo de Marly por Coustou (plaza de la Concordia)
コンコンド広場の "マルリーの馬" クストゥー作

116, 117, 118

Le rond-point des Champs-Élysées :
le marché aux timbres, dernier cocher, derniers fiacres
Rond-Point des Champs-Élysées: the stamp market,
a last cab-driver, the last horse-drawn cabs

Rond-Point der Champs-Elysées : der Briefmarkenmarkt,
der letzte Kutscher und die letzten Kutschen
Glorieta de los Campos Elíseos : mercado de sellos de correo;
un cochero de París, los últimos coches de caballos

ロン・ポワン・デ・シャンゼリゼにて：
切手市，最後の御者，最後の無蓋四輪馬車

119

La grille du Coq et le palais de l'Élysée
The main gate to the Palais de l'Élysée
Das Hahnengitter und der Élysée-Palast
Verja del gallo y Palacio del Elíseo

グリィユ・デュ・コック
雄鶏門とエリゼ宮（大統領官邸）

120
Maxim's
Maxim's
Das berühmte restaurant « Maxim »
Maxim's
レストラン　マキシム

121
La Patrouille de France, un 14-Juillet
The French Patrol, on the fourteenth of July
**Die Flugstaffel « Patrouille de France »
an einem 14. juli**
Patrulla de Francia el 14 de julio
7月14日，革命記念日（パリ祭）のバレード

De la Concorde à l'île des Cygnes

From Concorde to the île des Cygnes

Vom Concorde-Platz bis zur Schwaneninsel

De la plaza de la Concordia a la Isla de los Cisnes

コンコルドから白鳥島へ

122
Vol de pigeons sur les Champs-Élysées
Flight of pigeons in the Champs-Élysées
Taubenflug über den Champs-Élysées
Vuelo de palomas en los Campos Elíseos
シャンゼリゼ大通りにむらがる鳩の群れ

123   La tour Eiffel vue du pont Alexandre-III, la nuit
The Eiffel Tower at night, seen from the pont Alexandre-III
Nachtblick über den Eiffelturm vom Pont Alexandre III
Vista nocturna de la Torre Eiffel desde el puente de Alexandre III
アレキサンドル3世橋から見た夜のエッフェル塔

124

La Renommée, par Coysevox,
place de la Concorde
Fame, *by Coysevox, place de la Concorde*
Der Ruf von Coysevox am Concorde-Platz
La fama, *por Coysevox*
(plaza de la Concordia)
コンコルド広場の〝名声の女神像〟
コワズヴォ作

125

L'hôtel des Invalides
Hôtel des Invalides
Der Invalidendom
Los Inválidos
アンヴァリッド（パリ癈兵院）

126

Mobile de Calder dans les jardins de l'Unesco
A mobile by Calder in the gardens of the Unesco building
Mobile von Calder im Garten der Unesco
Móvil de Calder en los jardines de la Unesco
ユネスコの庭におかれたモビール。カルダ　一作

127

Jardins du Champ-de-Mars, vus de la tour Eiffel
The gardens in the Champ-de-Mars,
seen from the Eiffel Tower
Die Parkanlagen des Marsfeldes vom Eiffelturm
aus gesehen
Jardines del Campo de Marte vistos
desde la Torre Eiffel
エッフェル塔の上からながめたシャン・ド　・マルス公園

La Maison de la Radio
Maison de la Radio
Gebäudering des Funkhauses
Casa de la Radio
放送会館

129 La statue de la Liberté, par Bartholdi, à la pointe de l'île des Cygnes
The statue of Liberty by Bartholdi on the point of the île des Cygnes
Die Freiheitsstatue von Bartholdi auf der Inselspitze der Ile aux Cygnes
Estatua de La Libertad por Bartholdi, en el extremo de la isla de los Cisnes
イル・デ・シーニュ
白鳥島の先端にあるバルトルディ作の自由 の女神像

130 L'île des Cygnes
Ile des Cygnes
Die Schwaneninsel
Isla de los Cisnes
イル・デ・シーニュ
白 鳥 島

Notices historiques

Historical notes

Historischer zusammenhang

Reseñas históricas

パリの歴史的概説

Notices historiques

La Colonne de Juillet et le Génie de la Bastille. Ici s'élevait, depuis la fin du XIVe siècle, une formidable forteresse gothique, convertie en prison d'État, que l'on appelait la Bastille. Quatre cents ans plus tard, elle fut prise d'assaut par des émeutiers, qui la détruisirent sans tarder après avoir libéré les quelques rares détenus qui l'occupaient encore. L'événement se déroula le 14 juillet de l'année 1789. La Révolution française venait de commencer... Une colonne en bronze se dresse au centre de la place. Elle commémore une autre révolution : celle de juillet 1830, qui entraîna la chute de Charles X, suivie de l'accession de Louis-Philippe au trône de France. A son sommet, danse le génie de la Liberté. A ses pieds, Paris danse aussi, le 14 juillet de chaque année, parmi les lampions, les pétards et les petits drapeaux qui célèbrent, en un tel lieu, sa vieille et fatidique victoire.

La rotonde de La Villette. A la fin du XVIIIe siècle, les fermiers généraux furent autorisés à construire, autour de Paris, une enceinte fiscale, commandée par une cinquantaine de barrières d'octroi. Féru d'antiquité, et non dépourvu de mégalomanie, l'architecte Claude Nicolas Ledoux construisit alors les pavillons qui devaient flanquer ces barrières. Au cours du siècle dernier, la plupart d'entre eux, qui témoignaient d'une extrême imagination plastique, ont été malheureusement abattus. Celui qui subsiste à l'ancienne barrière de La Villette est le plus saisissant de tous : il s'agit d'une rotonde monumentale dont les arcades cintrées sont supportées par des couples de colonnes doriques. Des péristyles à frontons triangulaires occupent la base de cet édifice déconcertant, qui semble moins un modeste bureau d'octroi qu'une sorte de temple gréco-romain.

La cathédrale Notre-Dame. En cette fin du XXe siècle, Notre-Dame est assiégée — par la foi ou par la curiosité — comme elle n'a jamais cessé de l'être tout au long de ses huit cents années de fervente ou tumultueuse existence, une existence qui se confond avec le destin de la capitale et avec celui de la France. Plantée dans l'île de la Cité, où naquit Paris, Notre-Dame, dont la construction fut entreprise vers 1163, est la plus grave, la plus pure de toutes les premières cathédrales gothiques. Embellie et enrichie, mutilée et restaurée au cours des âges, elle a conservé l'essentiel de ce qui constitue sa grandeur, sa beauté et son prestige — à savoir ses six portails sculptés, les souveraines proportions de ses cinq nefs, l'éclat des vitraux de ses trois roses du XIIIe siècle. Notre-Dame s'impose à tous les regards comme à toutes les pensées. Le génie du Moyen Age y est enclos. L'histoire de tous les âges y est omniprésente, depuis le procès de réhabilitation de Jeanne d'Arc et les *Te Deum* des victoires de Louis XIV jusqu'au sacre de Napoléon par Pie VII et aux cérémonies solennelles qui ont marqué la fin victorieuse des deux dernières guerres mondiales. Paris a eu beau accumuler les pierres sur les pierres, s'appliquer, chaque année de chaque siècle, à faire peau neuve, c'est Notre-Dame qui, du triple point de vue de la foi, de l'art et de l'histoire, demeure le symbole vivant de son éternité.

La Conciergerie. Dominées ici par les tours de Notre-Dame, celles de la Conciergerie bordent au nord le Palais de Justice qui, au centre de l'île de la Cité, fut tour à tour le palais du Parlement de Paris et le palais des premiers rois capétiens, successeur du palais des gouverneurs et des empereurs romains. Bâties au XIVe siècle, exception faite pour la plus occidentale d'entre elles, qui date du règne de Saint Louis, les quatre tours de la Conciergerie sont de fiers témoins médiévaux de la doyenne des résidences royales de Paris. Derrière elles s'étendent, construites sous Philippe IV le Bel, de 1301 à 1315, les quatre nefs voûtées d'ogives de l'immense salle des Gens d'armes, une des plus parfaites salles gothiques de toute la France. Dès le Moyen Age, la Conciergerie tint lieu de prison — une prison qui connut ses pires heures sous la Révolution : n'est-ce pas entre ces murs sinistres qu'eurent lieu les massacres de septembre 1792 et que, parmi d'autres illustres prisonniers, fut détenue la reine Marie-Antoinette? On tente, au vu des complexes bâtiments de toutes époques qui forment le Palais de Justice, d'oublier ces âpres souvenirs en considérant la Sainte-Chapelle, construite sur les ordres de Saint Louis pour abriter la Couronne d'épines du Christ et consacrée en 1248 : cette châsse de pierre, illuminée par d'admirables vitraux du XIIIe siècle, est le chef-d'œuvre suprême de l'art gothique.

La tour Saint-Jacques. Isolée au centre d'un jardinet, à deux pas de la place du Châtelet, où se dessine la grande croisée des voies de la rive droite, cette haute tour flamboyante semble une énigme, encadrée qu'elle est d'immeubles et de théâtres du Second Empire... C'est le seul vestige de l'église Saint-Jacques-de-la-Boucherie, qui était le sanctuaire des bouchers parisiens. Et c'est cette puissante corporation qui, dans les vingt premières années du XVIe siècle, fit ériger le clocher de son église paroissiale, laquelle fut détruite en 1797. Le nom de la tour Saint-Jacques rappelle l'existence du pèlerinage international de Saint-Jacques-de-Compostelle, qui attirait à lui les foules de toute la chrétienté médiévale. Une des routes de ce pèlerinage passait à proximité de l'église parisienne, qui en constituait une des étapes. Du haut de l'ancien clocher, l'apôtre saint Jacques le Majeur surveille le Paris contemporain.

La colonnade et le palais du Louvre. A Louis XIV revint l'honneur de doter le palais du Louvre de sa principale façade : la colonnade dite de Perrault, mais qui, plus vraisemblablement, doit être attribuée à l'architecte Louis Le Vau, est, par sa rigueur et son noble dépouillement, le manifeste essentiel du classicisme français. Ce palais qui, avec le Vatican, est le plus grand du monde, poursuivait ainsi, au milieu du XVIIe siècle, sa régulière croissance. Héritier d'une forteresse royale, bâtie à la fin du XIIe siècle sous Philippe Auguste, il ne fut pas achevé en moins de trois cents ans d'efforts continus. Commencée, en 1546, par l'architecte Pierre Lescot, sous François Ier, la vaste Cour carrée, complétée sous Louis XIII et sous Louis XIV, est la partie la plus ancienne de cette majestueuse maison de tous les siècles. Aux premiers bâtiments d'une telle cour, qui sont librement inspirés de la Renaissance italienne, se rattacha, dès le règne de Henri IV, l'immense Galerie du Bord-de-l'Eau qui, le long de la Seine, alla rejoindre le château des Tuileries. Pratiquement abandonné par la monarchie, à partir de Louix XIV, au profit de Versailles, le palais devint alors l'asile des artistes et des savants, des expositions et des académies. La Révolution survint, qui, réalisant un projet élaboré sous Louis XVI, convertit le Louvre en musée — un musée qui est le plus encyclopédique de l'univers. Quant à Napoléon Ier, il tenta de reprendre à son compte le « grand dessein » d'achèvement du palais, qui fut enfin accompli, sous la direction des architectes Visconti et Lefuel, par Napoléon III. L'histoire du Louvre, c'est l'histoire de la continuité française.

L'église Saint-Germain-des-Prés. Le clocher bientôt millénaire de la doyenne des églises de la capitale forme l'épicentre d'un quartier qui est, en quelque sorte, le microcosme de Paris. Érigé dans les premières années de l'an mille, il domine les vestiges d'une des plus puissantes et des plus savantes abbayes de France. Une telle abbaye, fondée au VIe siècle par Childebert Ier, fils de Clovis, a marqué d'une façon indélébile le destin du quartier Saint-Germain-des-Prés, qui n'a pas attendu le milieu du siècle présent pour se consacrer à la fois aux arts, aux lettres et à la douceur de vivre, voire, comme il en est aujourd'hui, à toutes les extravagances foncières et formelles, philosophiques ou vestimentaires... Ici, l'esprit régna toujours. Ici, la mode fut toujours mère et maîtresse. Elle n'a jamais déserté les abords de cette émouvante église romane et gothique, édifice vénérable entre tous, qui, de son ombre, couvre pacifiquement les rues et les ruelles presque inchangées d'un quartier très familier et très humain, où se côtoient les grands et petits cafés, les antiquaires, les librairies et les galeries d'art.

Le palais du Luxembourg et son jardin. C'est pour Marie de Médicis, reine régente de France, veuve de Henri IV, que l'architecte Salomon de Brosse construisit, à partir de 1615, ce grand palais franco-florentin conçu comme un château fort, mais, pour complaire à la souveraine italienne, tout uniment couvert de bossages, comme au palais Pitti. Et c'est également pour elle que Pierre Paul Rubens exécuta les illustres tableaux qui racontent l'histoire de la reine et qui, du Luxembourg, ont été finalement transférés au Louvre. Inspiré, lui aussi, de l'Italie, doté de terrasses et de jeux d'eau, un vaste jardin compléta sans tarder le palais. Celui-ci, après avoir appartenu, jusqu'à la Révolution, à la famille d'Orléans, branche cadette de la maison royale, devint un des deux palais parlementaires de Paris. Il est encore, de nos jours, le siège du Sénat. Le XIXe siècle devait l'agrandir et le parer avec beaucoup de faste. Ainsi est-ce Eugène Delacroix qui, en 1840, fut chargé de décorer les voûtes de la bibliothèque nouvelle : les peintures qu'il réalisa se rangent parmi ses chefs-d'œuvre les plus lyriques. Quant au jardin, il fut également remanié et redessiné : une longue allée de marronniers, à l'extrémité de laquelle bouillonne la fontaine des Quatre Parties du monde, sculptée par Jean-Baptiste Carpeaux et Emmanuel Frémiet, prolonge sa perspective méridionale en direction de l'Observatoire de Louis XIV. Ouvert au public depuis le XVIIe siècle, ce merveilleux jardin — que fréquentèrent Watteau, Rousseau et Diderot, Verlaine, Valéry et Gide — est la grande cour de récréation de l'Université, de tous ceux qui, à Paris, savent encore penser, créer et rêver.

L'église du Val-de-Grâce. Le plus romain de tous les dômes de Paris. Il couronne avec majesté, depuis le milieu du XVIIe siècle, l'église d'une abbaye bénédictine qui, en accomplissement d'un vœu solennel, fut élevée sur les ordres d'Anne d'Autriche, épouse de Louis XIII. La reine n'avait-elle pas demandé à Dieu de lui donner un fils? Ce fils vint au monde en 1638. Il devait s'appeler Louis XIV. Aussi bien, est-ce sept ans plus tard que le jeune roi posa la première pierre de l'édifice, commencé sur les plans de François Mansart. Les travaux étaient achevés en 1667, quinze ans après la mort de la reine mère. Désaffectée sous la Révolution, l'ancienne abbaye royale est devenue un hôpital militaire. L'influence de la basilique vaticane et du Gesù de Rome est, au Val-de-Grâce, indéniable. Ici, l'art français a délicieusement succombé à la tentation baroque — à laquelle il réussit, d'une manière générale, à échapper. Et c'est l'Italie que l'on évoque sur-le-champ en considérant la magistrale coupole, intérieurement peinte à fresque par Pierre Mignard. Inspiré du Bernin, un monumental baldaquin à colonnes torses en marbre noir surmonte le maître-autel : il complète à merveille cette église à l'italienne qui, dans le Quartier latin, est une des réalisations exemplaires de l'architecture monastique du Grand Siècle.

L'église Saint-Gervais. Le clocher et les combles de Saint-Gervais-Saint-Protais se détachent au-dessus des maisons anciennes qui, le long du quai de l'Hôtel-de-Ville, bordent la rive droite de la Seine. De par sa fondation, qui remonte peut-être à la fin du IVe siècle, ce serait une des plus anciennes églises de Paris. Telle qu'elle se présente actuellement, elle date d'une reconstruction de la fin de la période gothique, mais elle ne fut achevée que dans les vingt premières années du XVIIe siècle. C'est ainsi qu'à son vaisseau tout médiéval répond une façade dont on attribue le dessin à l'architecte Clément II Métezeau et dont la première pierre fut posée, en 1616, par le jeune roi Louis XIII : par sa rigoureuse ordonnance de colonnes couplées et superposées, c'est une des premières manifestations du classicisme français. Saint-Gervais, en raison de l'abondance et de la qualité de ses œuvres d'art de toutes époques, constitue un exceptionnel musée vivant d'art religieux. Et, parmi ses vitraux, se trouvent quelques-unes des pièces maîtresses de la peinture sur verre de la Renaissance à Paris.

La place des Vosges. C'est l'ancienne place Royale, telle qu'elle fut conçue dans les premières années du XVIIe siècle, sur les ordres de Henri IV. Entourée de maisons doucement tricolores — ardoise bleue, pierre blanche, brique rose — elle devint le haut lieu du Marais, qui, jusque sous Louis XV, fut le centre mondain de Paris, avant de tomber dans une longue déchéance à laquelle on s'attache enfin à remédier. Établies sur des promenoirs bordés d'arcades, les maisons uniformes constituaient autant d'hôtels où résidait, à l'origine, la plus brillante aristocratie parisienne. Au siècle dernier, Victor Hugo tint à s'installer dans l'un d'eux. Des fenêtres de sa demeure, qui a été transformée en musée, on peut embrasser du regard l'ensemble de l'harmonieuse place — un des premiers exemples de cet urbanisme classique que la France de Louis XIV allait bientôt porter à son point de perfection.

Le Panthéon. Du sommet du Quartier latin, le dôme du Panthéon domine tout le secteur oriental de la rive gauche de la Seine. Il coiffe l'ancienne église Sainte-Geneviève, commencée par l'architecte Germain Soufflot en 1756 et consacrée par la Révolution au culte des « grands hommes ». L'auteur de ce sanctuaire colossal tenta de « réunir sous une des plus belles formes la légèreté de la construction des édifices gothiques avec la pureté et la magnificence de l'architecture grecque ». Sa connaissance du Moyen Age s'exprime dans la savante structure de son église, cependant que son culte pour l'Antiquité est attesté, en façade, par un superbe péristyle corinthien imité du Panthéon de Rome. A l'intérieur, ce sont d'autres colonnes corinthiennes qui bordent la large nef à coupoles du saisissant édifice. De vastes compositions peintes, notamment celles qui furent exécutées par Puvis de Chavannes et qui retracent l'histoire de sainte Geneviève, patronne de la capitale, décorent ce temple grandiose — où reposent, entre autres, les restes de Jean-Jacques Rousseau, de Voltaire et de Victor Hugo.

L'église Saint-Étienne-du-Mont. C'est de ce délicat pont de pierre de la Renaissance qu'était autrefois proclamé l'Évangile. Deux escaliers flanquent un tel jubé — le seul qui subsiste à Paris. Ils s'enroulent en spirale autour des premières colonnes du chœur de cette lumineuse église des XVe et XVIe siècles, sanctuaire séduisant entre tous, qui fut celui de la principale paroisse de l'Université. Ici furent transférées, sous Louis XIV, les cendres de Pascal et de Racine. Ici Paris perpétue le séculaire pèlerinage à sainte Geneviève, sa patronne. Et ici resplendissent de grands et beaux vitraux des XVIe et XVIIe siècles, auxquels s'ajoutent de très nombreuses œuvres d'art, entre autres, de vastes tableaux commémoratifs dus à Largillière et à De Troy. Située derrière le Panthéon, à proximité immédiate de l'ancienne abbaye Sainte-Geneviève, qui est devenue le lycée Henri-IV, l'église Sainte-Étienne-du-Mont est dotée d'une charmante façade pyramidale du début du XVIIe siècle : s'y opère le mariage de raison du gothique finissant et du classicisme naissant.

Le jardin des Tuileries. Perpendiculaire à la Seine, à l'extrémité occidentale du palais du Louvre, auquel il était relié, le château des Tuileries a été rasé en 1883, après avoir été incendié par la Commune, douze ans auparavant. Il avait été commencé au milieu du XVIe siècle par l'architecte Philibert De l'Orme, pour Catherine de Médicis, veuve de Henri II. Il avait été agrandi et embelli sous tous les règnes successifs, singulièrement sous Louis XIV. De Napoléon Ier à Napoléon III, il avait été la résidence officielle des souverains français. Il n'en subsiste, entre le Louvre et la Concorde, entre la rue de Rivoli et la Seine, que l'illustre jardin — veuf à jamais du seigneur de pierre qui en commandait les superbes perspectives... Redessiné avec grandeur par André Le Nôtre, au milieu du XVIIe siècle, ce jardin royal, largement ouvert au public, devint en quelque sorte le forum de Paris, le principal rendez-vous de la mode, de la galanterie et de l'esprit parisien. La disparition du château lui fut fatale. La vogue l'a délaissé, mais c'est toujours, de l'un à l'autre de ses deux bassins, le long de sa grande allée axiale que prolonge, au-delà de la place de la Concorde, l'avenue des Champs-Élysées, un lieu de promenade et de méditation, un des chefs-d'œuvre du jardin français.

Le Palais-Royal. Un jardin mélancolique et noble, qu'entourent les galeries d'un vaste palais de la fin du XVIIIe siècle. Seuls les enfants et les amoureux, les pigeons et les chats animent, à quelques pas du Louvre, ce grand corps assoupi où ne bruissent qu'en sourdine les rumeurs de l'histoire de Paris. Son nom rappelle le séjour que fit le jeune Louis XIV dans le palais construit depuis peu par l'architecte Jacques Lemercier pour le cardinal Richelieu, Premier ministre de Louis XIII, qui, à sa mort, l'avait légué au roi. Donné plus tard, par Louis XIV, à son frère Philippe, duc d'Orléans, le Palais-Royal resta la propriété de la branche cadette de la maison de France jusqu'à la Révolution. Quelques années avant celle-ci, Louis Philippe Joseph d'Orléans — Philippe Égalité — chargea l'architecte Victor Louis de construire autour du jardin les immenses bâtiments qui ont subsisté. Leurs galeries furent occupées par des cafés, des restaurants, des maisons de jeu ou de débauche, où les agitateurs prérévolutionnaires trouvèrent un terrain de choix. La vogue du Palais-Royal fut alors à son plus haut point. Elle se maintint à l'époque du romantisme, durant les trente premières années du XIXe siècle. Elle s'éteignit définitivement lors de la fermeture des maisons de jeu en 1836. Le jardin du Palais-Royal n'est plus qu'un vieux révolutionnaire à jamais apaisé, qui feint d'oublier sa jeunesse folle.

Le théâtre de l'Opéra. C'est, par sa superficie, le plus grand théâtre du monde. Construit entre 1862 et 1875, l'Opéra de Paris est le témoin essentiel de l'architecture éclectique du second Empire et de l'exubérance néo-baroque qui appartient en propre au style de la seconde moitié du XIXe siècle. Paris, sous le règne de Napoléon III, faisait, non sans systématisme, peau neuve. Le gigantesque théâtre qui fut bâti par l'architecte Charles Garnier répond exactement, par son opulence, au faste de la capitale qui fut alors remodelée sur les plans d'ensemble du baron Haussmann, préfet de la Seine. En bordure des Grands Boulevards, cœur de la vie mondaine durant tout le siècle dernier, il domine une place très homogène, dont les immeubles, bâtis à la même époque, abritent des commerce de luxe et dont l'extrême animation est quasi permanente. Rien n'a été épargné sur sa large façade, pour attester le caractère somptueux d'un lieu de fêtes aussi considérable que celui-là. Parmi les innombrables sculptures qui la décorent avec profusion, l'une d'entre elles est un chef-d'œuvre : c'est le groupe réaliste et sensuel de *la Danse,* dû à Jean-Baptiste Carpeaux. A l'intérieur, l'escalier monumental, le vaste foyer, la salle elle-même (dont la coupole a été récemment dotée d'une peinture de Marc Chagall) reflètent une richesse ornementale non moins éclatante. L'esprit du XIXe siècle est là tout entier.

La basilique du Sacré-Cœur de Montmartre. Commencée en 1876, une basilique néo-romane, officiellement dédiée par la France au Sacré-Cœur de Jésus, se dresse au sommet de la butte Montmartre, qui est le point culminant de la capitale. De la masse de ses dômes à jamais immaculés, elle domine, à l'extrême nord, l'ensemble des toits de Paris. Ses qualités esthétiques sont faibles. Un tel édifice, dû à l'architecte Paul Abadie, n'en incarne pas moins, au XXe siècle, la traditionnelle ferveur des catholiques parisiens et internationaux. Étrange butte que celle-là, où l'histoire n'a cessé de côtoyer la fable, où le plaisir de vivre n'a pas été un obstacle à la douceur de prier, où les martyrs chrétiens ont succédé aux dieux païens, où le souvenir de saint Denis, qui fut supplicié en ces lieux, est associé à celui de Mars et de Mercure, qui auraient ici possédé leur temple, où, au XVIe siècle, Ignace de Loyola jeta les fondations de la Compagnie de Jésus, où, avec Picasso, la peinture moderne est née au Bateau-Lavoir, où, jusqu'à nos jours, Paris a toujours chanté et dansé dans des guinguettes villageoises auxquelles ont succédé mille et un cabarets fameux! Tel est le paradoxe et telles sont les vivantes et contradictoires leçons que résume le seul nom de Montmartre.

La place de la Concorde. Une incomparable clairière, largement ouverte sur la Seine, à mi-chemin du jardin des Tuileries et de l'avenue des Champs-Élysées. Une place qu'il n'est pas abusif de saluer comme la plus belle du monde. Conçue par l'architecte Jacques-Ange Gabriel, elle naquit au milieu du XVIIIe siècle, sous le règne de Louis XV auquel elle fut d'abord dédiée, avant d'être idéalement vouée à la Concorde. Deux majestueux palais à colonnades corinthiennes la limitent au nord, de part et d'autre de la rue Royale, qui aboutit à l'église de la Madeleine. Au centre de la composition, là où se dressait la statue équestre de Louis XV, non loin de l'emplacement où la Révolution guillotina Louis XVI, le roi Louis-Philippe, en 1836, fit ériger l'obélisque égyptien de Louxor, encadré par deux fontaines à la romaine. Dans l'axe du pont, une autre colonnade, située sur la rive gauche, et qui est accolée au palais Bourbon, répond à celle de l'église de la Madeleine, que Napoléon rêva de convertir en temple de la Gloire. Telle est cette place presque immatérielle, où la pierre compte moins, tout compte fait, que l'eau qui la borde, que les arbres qui l'encadrent, que le ciel qui la couronne et que la lumière de Paris qui, à chaque heure du jour, la métamorphose.

L'Arc de Triomphe de l'Étoile. Le point culminant de la subtile pente que suit l'avenue des Champs-Élysées, percée sous Louis XIV par André Le Nôtre, le jardinier de Versailles, appelait un monument. Mais c'est seulement sous le règne de Napoléon, en 1806, que surgit l'Arc de Triomphe de l'Étoile. Dessiné par l'architecte Chalgrin, c'est le plus grand de tous ceux qui ont jamais été lancés. Retardée par la chute de l'Empereur, la croissance de ce géant à l'antique fut très lente : elle ne s'acheva qu'en 1836, sous le règne de Louis-Philippe. Dédié aux armées victorieuses de la Révolution et de l'Empire, l'arc de l'Étoile comprend, de part et d'autre de son arche centrale, des groupes sculptés dont l'un d'entre eux est une des créations essentielles de la sculpture française du XIXe siècle : dû à François Rude, c'est *le Départ des volontaires de 1792,* composition épique et lyrique s'il en est, qui symbolise le chant national de *la Marseillaise.* Depuis 1920, une flamme perpétuelle brûle sur la tombe du Soldat inconnu de la Première Guerre mondiale, solennellement inhumé au cœur de ce monument grandiose, qui est devenu le maître-autel du patriotisme français.

La grande perspective du Louvre à l'Étoile. Cette perspective sans égale est une flèche lancée vers l'Occident qui, à travers les siècles de son histoire, a toujours été le point de mire de Paris. Une trajectoire impérative qui est un trait d'union entre le passé et l'avenir. Née au Louvre, entre les deux ailes du palais royal, impérial et national, où se dresse l'arc de triomphe du Carrousel, voulu par Napoléon, une telle perspective ne suit-elle pas l'axe du jardin des Tuileries et, après avoir franchi la place de la Concorde, n'emprunte-t-elle pas l'avenue des Champs-Élysées tracée sous Louis XIV, pour aboutir à l'Arc de Triomphe de l'Étoile? Au-delà de cette arche napoléonienne, l'avenue de la Grande-Armée, puis l'avenue de Neuilly ne complètent-elles pas la perspective jusqu'au rond-point de la Défense, où, dans une forêt de téméraires gratte-ciel, s'esquisse confusément le Paris du XXIe siècle? De l'est à l'ouest, deux univers se confrontent, qui semblent étrangers l'un à l'autre. Parviendront-ils à se comprendre? A l'heure présente, ils se contentent de se toiser. Reste, pour notre temps, à méditer sur ce qui forme l'essentiel d'une perspective incomparable, qui n'est pas le fruit du hasard, mais le résultat d'une volonté bien concertée. Cette création continue est le chef-d'œuvre de l'urbanisme européen.

L'hôtel des Invalides. Le destin a voulu que la mémoire du plus grand des rois fût ici associée à celle du plus grand des empereurs. N'est-ce pas Louis XIV qui, en 1670, fonda, à l'intention des anciens combattants de ses guerres, l'hôtel des Invalides? N'est-ce pas en 1840 que les cendres de Napoléon furent solennellement transportées dans l'église du Dôme, qui domine ce gigantesque ensemble architectural? A l'architecte Libéral Bruant revint le soin d'élever les bâtiments proprement hospitaliers, sévères et rigoureux comme ceux d'un monastère : la statue équestre du Roi-Soleil occupe l'énorme fronton cintré du portail, au centre de la façade magistrale que précède l'esplanade. Toute la composition de l'hôtel s'ordonne autour de deux églises, qui ne formaient à l'origine qu'un seul édifice : celle des Soldats, qui aurait été construite par Jules Hardouin-Mansart d'après un projet de Bruant, et qui abrite les drapeaux pris à l'ennemi; celle du Dôme, qui est le chef-d'œuvre du premier de ces architectes et qui fut inaugurée par Louis XIV, en 1706. Coiffé d'un lanternon ajouré d'où pointe une mince flèche, le plus pur et le plus parfait de tous les dômes couronne cette église, symbole par excellence du classicisme français. Entouré du roi de Rome, son fils, et de ses frères, les rois Jérôme et Joseph, Napoléon repose dans la crypte qui fut percée sous le dôme. D'autres grands soldats (les maréchaux de Turenne, Foch, Lyautey, Leclerc de Hauteclocque) dorment également non loin des restes de l'Empereur — dans le sanctuaire de cet hôtel des Invalides qui, partiellement converti en musée de l'Armée, est le mémorial de toutes les gloires militaires de la France.

Les ponts de Paris. Paris est une ville d'eau, construite, autour d'un fleuve, sur deux îles et sur deux rives. Trente-deux ponts franchissent la Seine. Est-il besoin de dire qu'en deux mille ans ils ont été maintes fois rebâtis et qu'il n'y a plus d'arches romaines, voire médiévales, au-dessus des bras du grand fleuve? Les plus anciennes de toutes remontent pourtant au XVIe siècle : ce sont celles qui, lancées sous Henri III, à la pointe occidentale de l'île de la Cité, supportent le pont fameux et populaire entre tous, qui a paradoxalement conservé son nom de Pont-Neuf. Point de maisons sur son large et puissant tablier : l'innovation était de prix. Aussi les Parisiens en firent leur principal lieu de promenade et de fêtes — sous le regard souriant du roi Henri IV, chevauchant son coursier de bronze. Trois autres ponts seulement datent de l'ancienne monarchie : le pont Marie, bâti sous Louis XIII, qui relie le Marais à l'île Saint-Louis, le pont Royal qui, face au pavillon de Flore de l'ancien château des Tuileries, fut construit sous Louis XIV par Hardouin-Mansart, le pont de la Concorde, qui est le contemporain de Louis XVI. Quant au pont des Arts, entre le palais du Louvre et l'Institut de France, c'est, depuis 1802 et le Consulat de Bonaparte, une sorte de léger balcon, d'où l'on ne peut se lasser de contempler la silhouette de l'île mère, les maisons grises et roses de la place Dauphine, couronnées par la flèche de la Sainte-Chapelle et par les tours de Notre-

Dame. Plus à l'ouest, c'est 1900 qui jeta, dans l'axe des Invalides, l'énorme pont Alexandre-III, hérissé de pylônes et peuplé de statues, un des témoins les plus grandiloquents, mais les plus fidèles de la Belle Époque. Jeunes ou vieux, ambitieux ou modestes, ces ponts font intimement partie du paysage historique et poétique de la ville. On ne les foule jamais sans rêver. Ce sont les porteurs quotidiens de tous les sortilèges de Paris.

Historical notes

The Colonne de Juillet and the Genius of Liberty. The forbidding Gothic fortress, which Parisians called La Bastille, was erected on this spot towards the end of the fourteenth century and soon afterwards made into a state prison. Four hundred years later it was stormed by the mob, who made haste to destroy it once they had set free the handful of prisoners still guarded within its walls. The event took place on 14th July 1789. The French Revolution had begun... But the bronze column standing in the centre of the square commemorates another revolution, that of July 1830 which brought Charles X from the throne of France and ended with the accession of Louis-Philippe. The Genius of Liberty dances on the top. And Paris dances at its foot once a year on 14th July amid fairy lights, and fireworks and tiny flags, to celebrate the old fateful victory which was accomplished in that place.

The Rotonda at La Villette, also called the Ledoux pavilion. Towards the end of the eighteenth century, the Farmers General obtained permission to levy customs duties on all persons entering Paris and to build a wall round the city that would be controlled by about fifty tollgates. The task of designing the pavilions to stand at these gates fell to Claude Nicolas Ledoux, an architect not lacking in megalomania who was also a passionate admirer of classical antiquity. Most of the extraordinarily imaginative structures he produced were unfortunately pulled down in the course of the nineteenth century, although as it happens the one still surviving at the old gate of La Villette may probably have been the most arresting of all. Its form is that of a monumental rotonda with semi-circular arches supported by pairs of Doric columns. A series of peristyles with triangular pediments adorns the base. This disconcerting edifice looks more like some kind of Greek or Roman temple than a humble excise house.

The cathedral of Notre-Dame. Notre-Dame is as besieged by faith and curiosity at the end of the twentieth century as it has been throughout eight hundred years of fervent existence. Since the time of its foundation in 1163, its destiny has been mingled with the turbulent history of Paris and of France. Its majestic form, rising up in the île de la Cité, the cradle of the capital, is the purest and most sober of all the Gothic cathedrals. It has been embellished and enriched, and damaged and then restored in the course of the centuries, but the essential features of its grandeur, its beauty, and its prestige have been preserved, namely the six carved portals, the sovereign proportions of the five naves, and the splendour of the thirteenth-century-stained-glass windows and of the three roses. Notre-Dame commands all eyes and all thoughts. Its genius is mediaeval but it houses the spirit of every age from the trial of rehabilitation of Joan of Arc and the *Te Deum* for the triumphs of Louis XIV to the coronation of Napoleon by Pope Pius VII and the solemn ceremonies that marked the victorious conclusion of two world wars. Paris may pile stone upon stone and, each year of each century, endeavour to shed its skin, but Notre-Dame lives on as the threefold symbol of its eternity, perpetuating the city through faith, through art, and through history.

The Conciergerie. The towers of Notre-Dame seem to dominate the towers of the Conciergerie along the north wall of the Palais de Justice, which occupies the centre of the île de la Cité. This was the residence which succeeded the palace of the Roman governors and emperors and proved destined to accommodate both the early Capetian kings and the Parlement de Paris. The four towers of the Conciergerie, all built in the fourteenth century except the most westerly, dating form the reign of Saint Louis, are the proud mediaeval vestiges of the ancestor of royal dwellings in Paris. Behind them stretch four naves with ogival vaults, erected from 1301 to 1315 under Philip IV the Fair, forming the immense Salle des Gens d'armes, one of the most perfect Gothic halls in the whole of France. From the Middle Ages onwards, the Conciergerie was used as a prison. Its darkest days were those of the Revolution at the time of the September massacres in 1792 and later, when the queen, Marie-Antoinette, became one of the illustrious prisoners guarded within its gloomy walls. But amid the miscellany of buildings that make up the Palais de Justice, the visitor may be able to erase these cheerless memories by contemplating the Sainte-Chapelle, founded by Saint Louis to house the Crown of Thorns and dedicated in 1248. This shrine of stone, illuminated by remarkable mediaeval stained-glass windows, is the supreme expression of all Gothic art.

The Tour Saint-Jacques. This tall flamboyant Gothic tower standing by itself in the middle of a small garden only a stone's throw from the place du Châtelet seems something of an enigma, since the great meeting-place of routes on the right bank is entirely surrounded by Second Empire theatres and buildings. The tower is the sole remaining vestige of the fourteenth-century church of Saint-Jacques-de-la-Boucherie, the sanctuary of the butchers of Paris. In the first quarter of the sixteenth century this powerful corporation decided to erect a belfry for their parish church and this was spared when the main body had to be destroyed in 1797. Its name is a reminder of the days of international pilgrimages when people flocked from all over mediaeval Christendom to worship at the shrine of Saint James of Compostela. The church in Paris provided a stage along one of the routes. To-day the apostle Saint James the Greater surveys the modern capital from the top of his ancient tower.

The colonnade and the palais du Louvre. The honour of endowing the Louvre with its main façade fell upon Louis XIV. This was the eastern façade, known as Perrault's colonnade, although it would probably be more accurate to attribute the design to Louis Le Vau. In its rigour and noble purity of conception, it must be regarded as the chief manifesto of classical architecture in France. The largest palace in the world along with the Vatican was thus continuing its steady growth in the middle of the seventeenth century, expanding the form it had inherited from a royal fortress built at the end of the twelfth century by Philip Augustus and pursuing the 'great design' which was to take three hundred years of ceaseless effort to complete. The oldest part of the majestic venerable structure is the vast Cour carrée begun by Pierre Lescot in 1546 in the reign of Francis I and completed under Louis XIII and Louis XIV. In the reign of Henri IV these early buildings, which had drawn free inspiration from the Italian Renaissance, were at last linked with the château des Tuileries by the immense Galerie-du-Bord-de-l'Eau running along the Seine. After the monarchy had virtually deserted the Louvre for Versailles under Louis XIV, the palace slowly turned into a place of asylum for artists and scientists, where exhibitions were organized and academies set up. Then came the outbreak of the Revolution, which must at least be credited with having carried out the project elaborated under Louis XVI to convert the Louvre into an art gallery. This is now the most encyclopaedic museum in the world. Napoleon I attempted to take up the plans to complete the palace on his own account and eventually it was finished, in the reign of Napoleon III, with the aid of the architects Visconti and Lefuel. The history of the Louvre in a sense is the history of the continuity of France.

The church of Saint-Germain-des-Prés. The almost thousand year old belfry of the ancestor of Parisian churches constitutes the focal point of a quarter which in a sense repeats the city in miniature. The tower, built in the first years of the tenth century, presides over the vestiges of what was one of the most influential and learned abbeys in France. The religious community founded in the sixth century by Childebert I, the son of Clovis, has left its indelible mark on the destiny of an area which certainly did not wait for the middle of the twentieth century to devote itself to the arts and to letters and to the sweetness of living, or even, as to-day, to fundamental and formal extravagance, tolerating every caprice of philosophy and fashion... Wit has always been the master in Saint-Germain and fashion its mother and mistress. Neither have ever deserted the precincts of this mediaeval church, part Romanesque part Gothic, watching peacefully over the streets and the alleys that nestle in its protective shadow as they have done for centuries. This is a very human friendly quarter where cafés large and small, antique shops, booksellers, and art galleries all rub shoulders familiarly at the foot of the venerable landmark.

The palais du Luxembourg and the gardens. In 1615 the architect Salomon de Brosse began this half-French half-Florentine palace for Marie de Medici, the widow of Henri IV, and the Queen Regent of France. He conceived it as a fortress but to please the Italian sovereign gave the walls a uniform decoration of bosses in the style of the Pitti Palace. Peter Paul Rubens also attempted to please the queen in his celebrated series of paintings illustrating her life, which were later transferred to the Louvre. Spacious gardens soon completed the surroundings to the palace, of display terraces and water-works likewise derived from Italian models. The palace belonged to the house of Orléans, the younger branch of the French Royal family, until the Revolution when it was converted into one of the houses of parliament. It is still the seat of the French Senate to-day. During the nineteenth century the palace was sumptuously enlarged and embellished and in 1840 Eugène Delacroix was invited to decorate the ceiling of the new library. The paintings he produced rank among the most lyrical of all his masterpieces. The gardens too were altered and re-designed and a long walk shaded by chestnut-trees was added to carry the southern vista as far as the Observatory, built under Louis XIV.

Bubbling away at the end is the Fountain of the Four Parts of the World carved by Jean-Baptiste Carpeaux and Emmanuel Frémiet. These magnificent gardens have been open to the public since the seventeenth century and to this day they remain the playground of the university and of all the other people in Paris still inclined to meditate, to create and to dream.

The church of the Val-de-Grâce. Since the middle of the seventeenth century, the most Roman of all the domes in Paris has crowned the church of a Benedictine abbey founded by Anne d'Autriche, the wife of Louis XIII, in fulfilment of a solemn vow. The queen had asked God to give her a son and in 1638 a son was born—the future Louis XIV. Seven years later the young king laid the foundation stone for the church, to be built according to the plans by François Mansart. It was completed in 1667, fifteen years after the Queen Mother had died. Under the Revolution the royal abbey was secularized and converted into a military hospital. The influence of Saint Peter's and the Gesù church in Rome is unmistakeable in the Val-de-Grâce. For once French taste has succumbed delightfully to the Baroque temptations which it almost invariably managed to escape elsewhere. The sight of this remarkable cupola, decorated in the interior with frescoes by Mignard, immediately conjures up the spirit of Italy. The monumental canopy with its wreathed columns of black marble surmounting the high altar was inspired by Bernini. It provides the magnificent finishing touch to this Italianate church in the Latin Quarter, which stands as an exemplary achievement of monastic architecture in the age of Louis XIV.

The church of Saint-Gervais. The belfry and the roof-tops of Saint-Gervais-Saint-Protais rise above the old houses bordering the right bank of the river along the quai de l'Hôtel-de-Ville. Saint-Gervais is believed to have been founded at the end of the fourth century, which means that it may be one of the oldest churches in Paris. The present structure dates from the end of the Gothic period through it was not completed until the first quarter of the seventeenth century. This explains the matching of a thoroughly mediaeval nave with a façade attributed to the designs of Clément II Métezeau, one of a family of architects. In 1616 the young king, Louis XIII, laid the foundation stone. The strict ordering of superposed twin columns marks the façade as one of the earliest examples of French classicism. In addition Saint-Gervais has such a large number of other works of high quality that it can almost be regarded as a living museum of sacred art. Its stained-glass windows include some of the finest Renaissance achievements in Paris.

Place des Vosges. This is the old place Royale as it was conceived in the first years of the seventeenth century according to the instructions of Henri IV. Houses in soft tricolour tones—blue slate, white stone, and pink brick—surround the square that quickly became the favourite resort of the inhabitants of the Marais, the most fashionable quarter in Paris until the reign of Louis XV. It then lapsed into a long period of decadence which is only just beginning to be remedied to-day. The uniform houses standing on pavements sheltered by rows of arches were originally the homes of the most brilliant aristocracy. The one where Victor Hugo decided to live in the last century has now been made into a museum. From its windows the visitor can contemplate the whole of this harmonious square, which provided an early example of the classical town-planning destined to be carried to its heights in the reign of Louis XIV.

The Pantheon. From the top of the hill in the Latin Quarter the virile cupola of the Pantheon commands the entire eastern section of the left bank of the Seine. It crowns the former church of Sainte-Geneviève, begun by the architect, Germain Soufflot, in 1756. The building was dedicated to the cult of 'great men' under the Revolution. In his colossal sanctuary Soufflot attempted 'to create a beautiful form that would unite the grace of Gothic architecture with the purity and splendour of the buildings of ancient Greece'. He demonstrated his acquaintance with mediaeval art in his skilful plan and indulged his passion for classical antiquity in the superb Corinthian peristyle adorning the façade, modelled on the Pantheon in Rome. Inside, more Corinthian columns line the spacious domed nave. The walls are decorated with vast compositions, the most famous of which are the frescoes by Puvis de Chavannes narrating the life of sainte Geneviève, the patron saint of Paris. Jean-Jacques Rousseau, Voltaire and Victor Hugo are among the great men whose remains are housed in this grandiose temple.

The church of Saint-Étienne-du-Mont. The gospel used to be preached from this delicate bridge of stone built in the Renaissance, which is now the only surviving rood-screen in Paris. It was reached by the two spiral staircases winding round the first columns to the choir. The luminous church dating from the fifteenth and the sixteenth centuries, is the most appealing of all Parisian sanctuaries and was once belonged to the main parish of the University. The ashes of Pascal and Racine were transferred there under Louis XIV, and there too Paris preserves the memory of the century-old pilgrimage to the shrine of sainte Geneviève, the patron saint of the capital. There too are the large and beautiful sixteenth and seventeenth century stained-glass windows, and many other works of art such as the vast commemorative paintings by Largillière and De Troy. Saint-Étienne-du-Mont stands behind the Pantheon next to the old abbey of Sainte-Geneviève, which is now the lycée Henri-IV. The pleasing pyramidal façade bestowed on it at the beginning of the seventeenth century is a successful marriage of convenience between declining Gothic and the rise of classicism in France.

The Tuileries gardens. The château des Tuileries stood at right angles to the Seine at the western end of the Louvre, with which it communicated by a gallery. It was eventually razed to the ground in 1883 after having been partly burnt down by the Paris Commune twelve years earlier. The château had originally been designed in the middle of the sixteenth century by the architect, Philibert De l'Orme, for Catherine de Medici, the widow of Henri II, and was enlarged and embellished in all the succeeding reigns, especially under Louis XIV. From Napoleon I to Napoleon III it had become the official residence of the French sovereign. Nowadays only the magnificent gardens remain between the Louvre and Concorde, and the rue de Rivoli and the Seine, bereft of the noble edifice that once governed their splendid vistas... In the middle of the seventeenth century, the royal gardens were re-designed in the grand style by André Le Nôtre and made almost entirely open to the public, quickly becoming a kind of forum and the principal meeting-place for fashion, flirtation, and wit. The disappearance of the château proved fatal to this spirit. Fashion no longer courts their lawns to-day but the spacious walk between the ornamental ponds, carried beyond the place de la Concorde by the avenue des Champs-Élysées, is still a favourite resort with all those who seek to stroll and to meditate in surroundings which must rank among the highest achievements of landscape gardening 'à la française'.

The Palais-Royal. These melancholy noble gardens surrounded by the covered arches of a vast late eighteenth century palace are enlivened only by children and lovers, and pigeons and cats. The echoes of the history of Paris seem muffled within these sleepy precincts only a few yards or so from the Louvre. The name is a reminder of the brief stay made by the young Louis XIV shortly after the palace had been built by Jacques Lemercier for Cardinal Richelieu, the Prime Minister of Louis XIII. At his death, Richelieu bequeathed the palace to the king, and later Louis XIV gave it to his brother Philippe, the Duke of Orléans. It remained in the possession of the house of Orléans, the younger branch of the French royal family, until the outbreak of the Revolution. A few years before the Revolution, Louis Philippe Joseph of Orléans—Philippe Égalité—commissioned the architect, Victor Louis, to build the vast buildings that still border the gardens. The galleries sheltered cafés, gaming-houses, and places of pleasure where the pre-revolutionary agitators found an ideal terrain on which to operate. This was the heyday of the Palais-Royal which lasted throughout the first thirty years of the nineteenth century until the Romantic period. Its popularity dwindled permanently when the gaming-houses were officially closed in 1836. Nowadays the Palais-Royal is just an old revolutionary forever appeased and pretending to have forgotten the folly of youth.

The Opéra. The Paris opera-house occupies a larger surface area than any theatre in the world. It was built between 1862 and 1875 and can be said to be the principal example of the eclecticism of Second Empire architecture and the neo-baroque exuberance that was so much a feature of the style of the second half of the nineteenth century. In the reign of Napoleon III, Paris not unsystematically acquired a new look. The opulence of this gigantic theatre built by Charles Garnier exactly corresponds to the taste for display then prevalent as a result of the whole-sale re-designing of the capital by Baron Haussmann, prefect of the Seine. It stands close to the Grands Boulevards, the centre of Parisian society throughout the whole of the last century, and commands a very homogeneous square composed of buildings of the period. These house luxury shops in an apparently permanent state of bustle. No efforts were spared to endow the vast façade with the sumptuous decoration befitting such a place. Among the profusion of sculptures adorning it, the visitor will soon glimpse the outstanding realistic and very sensual group called *la Danse,* a masterpiece by Jean-Baptiste Carpeaux. Inside, the monumental staircase, the vast foyer, and even the auditorium, with its ceiling now newly painted by Marc Chagall, are no less overwhelming in their splendour. The spirit of this building is the embodiment of the entire nineteenth century.

The basilica of the Sacré-Cœur in Montmartre. A neo-Romanesque basilica begun in 1876 and officially dedicated to the Sacred Heart of Jesus crowns the hill of Montmartre, the highest point in Paris. Its cluster of permanently immaculate cupolas commands a view over all the roof of the city even to the far north. The aesthetic claims of Paul Abadie's building are evidently weak, but in the twentieth century this is the church that embodies the traditional fervour of catholics everywhere in Paris and from abroad. The history of the strange hill seems rarely to have departed from fable and it is a place where the pleasures of living go hand in hand with the sweetness of prayer. It was here that the Christian martyrs followed on from the pagan gods and where the memory of the execution of saint Denis has been linked with the stories of Mars and Mercury, said to have had a temple on the very same spot. In the sixteenth century this was where Ignatius of Loyola laid the foundations of the Company of Jesus and later where Picasso helped to bring modern painting into being at the Bateau-Lavoir. And in every one of its corners, up to the present day, Paris has sung and danced in the village 'guingettes', the pleasure-gardens succeeded by countless famous cabarets. These are its paradoxes and these are the living contradictory lessons conjured up by the name of Montmartre.

Place de la Concorde. A kind of clearing opened towards the Seine half-way between the Tuileries gardens and the avenue des Champs-Élysées, forms an incomparable expanse which it would be no exaggeration to acclaim as the most beautiful square in the world. It was conceived by Jacques-Ange Gabriel and came into being in the middle of the eighteenth century under Louis XV, to whom it was dedicated before being finally pledged to the ideal of Concord. Two majestic palaces with Corinthian colonnades border the north side of the square lie on either side of the rue Royale, leading to the church of La Madeleine. The centre of the composition was originally filled by the equestrian statue of Louis XV, which stood not far from the place where Louis XVI was guillotined under the Revolution. In 1836, in the reign of Louis-Philippe, the Egyptian obelisk from Luxor was erected in the same spot with a Roman-style fountain to north and south. The colonnade of the palais Bourbon on the far side of the river completes the prospect across the bridge and matches the façade of La Madeleine, the church which Napoleon had dreamed of making his temple of Glory. In this almost ethereal square stone seems to count less in the end than the water beside it, the trees about it, the sky protecting it and the light of Paris which, at each hour of the day, metamorphoses it.

The Arc de Triomphe de l'Étoile. The summit of the gentle slope leading up the avenue des Champs-Élysées which André Le Nôtre, the gardener of Versailles, had laid out for Louis XIV, seemed in need of a monument. But it was not until 1806, in the reign of Napoleon, that the Arc de Triomphe at last came into being. It was designed by Chalgrin according to the traditional pattern and is the largest of all the arches erected since antiquity. Building on the giant structure was interrupted at the fall of Napoleon and thereafter only proceeded very slowly. It finally reached completion in 1836 under Louis-Philippe, when it was dedicated to the victorious armies of the Revolution and the Empire. The compositions adorning either side of the central arch include one of the chief creations of French nineteenth century sculpture, the admirable epic and very lyrical group by François Rude called *the Departure of the Volunteers in 1792,* symbolizing the national anthem of *La Marseillaise.* Since 1920 an undying flame burns on the tomb of the Unknown Soldier killed in the First World War who was buried in the heart of what is now the grandiose high-altar of French patriotism.

The grand prospect from the Louvre to Étoile. This unparalleled vista is like an arrow shot into the west, a direction towards which Paris has always tended throughout the course of its history, as if obeying some ineluctable impulse to link past with present. The trajectory leaves the Louvre through the two wings of the royal palace, imperial and national, passes beneath the Arc du Carrousel created by Napoleon, follows the perspective through the Tuileries gardens, traverses the place de la Concorde and travels up the avenue des Champs-Élysées, designed for Louis XIV, and comes to rest at the Arc de Triomphe. The avenue de la Grande-Armée and the avenue de Neuilly carry the prospect beyond the Napoleonic arch as far as the rond-point de la Défense, where a forest of intrepid skyscrapers is sketching out the Paris of the twenty-first century not without some confusion. From east to west, two seemingly alien worlds survey each other. It is not certain whether they will be able to agree and for the moment they limit themselves to a mutual taking stock. It is for us, in our day, to reflect as to what might be the distinguishing mark of this incomparable view, that has arisen not as a matter of chance but rather as the result of a well-orchestrated effort of will. The continued need to create has inspired this masterpiece of European town-planning.

Hôtel des Invalides. In this building destiny chose to link the memory of a great king with the name of a great emperor. In 1670 it was Louis XIV who founded the Hôtel to accommodate the soldiers who had fought in his wars, and in 1840 Napoleon's ashes were solemnly transported to the church of the cupola, which dominates the architectural ensemble. The actual hospital quarters were designed by Libéral Bruant in an austere strict style rather reminiscent of monastic outbuildings. In the centre of the magnificent façade the equestrian statue of the Sun King looks down on the esplanade from the huge semi-circular pediment crowning the main gateway. The whole is organized round two churches which were originally a single structure. The earlier of the two, hung with the flags won from the enemy armies, is the Soldiers' church, said to have been built after Bruant's plans by

Jules Hardouin-Mansart. The second, the church of the cupola, is Mansart's masterpiece and was inaugurated by Louis XIV in 1706. A pure and perfect cupola topped with a perforated lantern thrusting a delicate spire into the sky marks this church as the symbol *par excellence* of classicism in French architecture. Napoleon reposes in the crypt sunk exactly beneath the centre of the dome, surrounded by his son, the king of Rome, and by his brothers, king Jérôme and king Joseph. Not far from the Emperor's remains, other great marshalls of France, Turenne, Foch, Lyautey and Leclerc de Hauteclocque are at rest in the same sanctuary. The Hôtel des Invalides which has now been partly converted into a museum, is thus a memorial to the military glories of France.

The bridges of Paris. Water is the dominant element in Paris, a city built round a river on two islands and two banks. There are thirty-two bridges across the Seine and, needless to say, they have very frequently been rebuilt in the course of two thousand years. No Romanesque or mediaeval arches are left to bestride the arms of the great river, but the oldest still date back to the sixteenth century. The most celebrated and liveliest of all bridges, which has paradoxically kept its name of the Pont-Neuf, was begun at the western point of the île de la Cité in the reign of Henri III. The great innovation was that no houses stood on its broad and powerful table, and it had pavements. The bridge was soon a favourite with Parisians for walking and for popular festivities, performed beneath the smiling gaze of Henri IV, mounted on his bronze charger. Only three other bridges date from before the Revolution. The pont Marie, built under Louis XIII, to link the Marais with the île Saint-Louis, the pont Royal, constructed by Hardouin-Mansart dating from Louis XIV and opposite the pavillon de Flore which formerly belonged to the château des Tuileries, and since 1802 and the Consulate of Napoleon Bonaparte, the pont des Arts, a kind of airy balcony stretching from the Louvre to the Institut de France. No-one ever tires of contemplating the view it offers of the outline of the mother island and the grey and pink houses of the place Dauphine, crowned by the spire of the Sainte-Chapelle and the towers of Notre-Dame. Further west, the vast pont Alexandre-III, bristling with pylons and peopled with statues, was constructed at right angles to the façade of the Invalides. It owes its existence to 1900 and is one of the most grandiloquent and yet most faithful representatives of the 'Belle Époque'. All these bridges, young or old, humble or ambitious, are an intimate part of the historical and poetic landscape of the city. No-one can cross them without being tempted to dream. They are the messengers of all the charms that daily bewitch us in Paris.

Historischer zusammenhang

Die Julisäule und der Genius der Freiheit. Seit dem Ende des 14. Jahrhunderts stand auf diesem Platz eine mächtige Festung im gotischen Stil, die als Staatsgefängnis diente und den Namen « Bastille » (kleine Bastion) trug. Vierhundert Jahre später wird sie von den Revolutionären erstürmt : ohne Zögern begann der Abbruch, nachdem die wenigen Gefangenen, die dort noch in Haft saßen, befreit wurden. Das Geschehen spielte sich am 14. Juli des Jahres 1789 ab : die Revolution hatte gerade ihren Anfang genommen... In der Platzmitte steht eine Bronzesäule, die eine andere Revolution in Erinnerung ruft : die Julirevolution vom Jahre 1830, die den Sturz Karl X. zur Folge hatte und Louis-Philippe auf den französischen Thron verhalf. Auf der Spitze der Säule tanzt der Genius der Freiheit : zu ihren Fußen wird auch getanzt. Jedes Jahr am 14. Juli in einer Stimmung von Lampions, Knallfröschen und Fähnchen, erinnert sich das Volk Paris an seinen alten, schicksalsträchtigen Sieg.

Der Rundbau von La Villette, sogenannter Pavillon Ledoux. Am Ende des 18. Jahrhunderts erhielten die Hochbeamten der Zollverwaltung die Erlaubnis, um Paris herum einen Zollring zu errichten, der durch 50 Eingangszollgebäude überwacht werden sollte. Der Architekt Claude Nicolas Ledoux, leidenschaftlich in die Antike verliebt aber nicht frei von Größenwahn, wurde beauftragt, die Zollpavillons zu erbauen. Im Laufe des letzten Jahrhunderts sind leider die meisten Pavillons, die von einem großen plastischen Sinn zeugen, abgerissen worden. Das eindrucksvollste von diesen Gebäuden ist noch in La Villette vorhanden : es handelt sich um einen monumentalen Rundbau, dessen gewölbte Arkaden von dorischen Doppelsäulen getragen werden. Säulengänge mit dreieckigen Giebelfeldern umgeben dieses merkwürdige Gebäude, das vielmehr einem griechisch-römischen Tempel gleicht als einem bescheidenen Zollamt.

Die Kathedrale Notre-Dame. Am Ausgang unseres 20. Jahrhunderts bleibt Notre-Dame vom Glauben als auch von der Neugier ihrer Bewunderer bedrängt, wie sie im Laufe ihrer achthundert Jahre langen Existenz immer gewesen ist, einer leidenschaftlichen und bewegten Existenz, die das Schicksal der Hauptstadt und das Werdegang Frankreichs in sich verschmilzt. Notre-Dames Baubeginn auf der Ile de la Cité, der Geburtsstätte von Paris, ist um 1163 anzusetzen : es ist das architektonisch strengste und reinste Beispiel der ersten gotischen Kathedralen. Verschönert und bereichert, verstümmelt und restauriert im Laufe der Zeiten hat sie doch das Wesentliche ihrer Größe, ihrer Schönheit und ihres hohen Ansehens bewahrt : die sechs feingearbeiteten Portale, die majestätischen Maße der Schiffe, die Pracht der Kirchenfenster aus dem 13. Jahrhundert und der Rosen. Notre-Dame zieht alle Blicke und Gedanken auf sich, indem sie das Genie des Mittelalters anschaulich darstellt. Die Geschichte der Kathedrale wurde mit den größten Ereignisse immer verbunden : Revisionsprozeß Jeanne d'Arcs, Siegesfeier unter Ludwig XIV., Kaiserkrönung Napoleons durch den Papst Pius VII., Feierlichkeiten nach dem siegreichen Ende der beiden Weltkriege. Paris hat gut Stein auf Stein setzen, sich jedes Jahrhundert darum bemühen, eine andere Stadt zu werden : Notre-Dame bleibt, unter dem dreifachen Aspekt des Glaubens, der Kunst und der Geschichte, das lebendige Symbol der Unvergänglichkeit Paris.

Die Conciergerie. Die beiden Türme von Notre-Dame im Hintergrund erheben sich über die Nordfassade der Conciergerie, die mit ihren vier Türmen den Justizpalast begrenzt. Mitten auf der Ile de la Cité wurde der Justizpalast im Laufe der Zeiten zuerst Sitz der römischen Statthaltern und dann der merowingischen Königen. Er ist später Parlamentspalast und schließlich Justizpalast geworden. Die vier Türme wurden im 14. Jahrhundert erbaut, mit Ausnahme des unter Ludwig IX. dem Heiligen errichteten Westturms : es sind stolze mittelalterliche Zeugen der ältesten Königsresidenz von Paris. Philipp der Schöne ließ zwischen 1301 und 1315 eine wunderschöne, vierschiffige Halle mit Kreuzrippengewölbe erbauen, die als Aufenthaltsraum für die Waffenleute diente; es ist eine der vollendetesten gotischen Säale im ganzen Frankreich. Schon im Mittelalter diente die Conciergerie als Gefängnis, doch ihr Name ruft heute Erinnerungen an die Zeit der Schreckenherrschaft während der Revolution : in diesen dunklen Räumen fanden die Septembermorde im Jahre 1792 statt und in einer Zelle saß Marie-Antoinette neben anderen berühmten Gefangenen in Haft. Wenn man den Baukomplex des Justizpalastes betrachtet, vielleicht versucht man diese bittere Erinnerungen zu vergessen, indem man zu der Sainte-Chapelle hinaufblickt. Die Sainte-Chapelle wurde von Ludwig dem Heiligen erbaut, um die Dornenkrone Christi aufzubewahren. 1248 wurde dieser in allen Farben seiner wunderlichen Kirchenfenster leuchtenden Reliquienschrein geweiht : ein in Stein gefaßtes Juwel unter den schönsten gotischen Kunstschätzen.

Der Turm Saint-Jacques. Dieser hohe Turm im Flammenstil, der isoliert in einem kleinen Garten ganz nahe vom Place du Châtelet steht, dem Kreuzweg der großen Straßen der rechten Seineseite, sieht in der Umgebung von Gebäuden und Theatern des Second Empire ziemlich fremd aus. Von der Kirche Saint-Jacques-de-la-Boucherie blieb allein der Glockenturm erhalten. Die Pfarrkirche wurde während der ersten 20 Jahren des 16. Jahrhunderts erbaut und 1797 abgerissen. Ihren Namen verdankt sie den Fleischern, die sie zu ihrer Kirche erklärt hatten, und den Pilgern, die von allen Ländern der mittelalterlichen Christenheit nach Santiago da Compostela in Spanien zogen. Eine der Pilgerstraßen führte an dieser Kirche vorbei, die als Etape diente. Von der Spitze des alten Turms aus nimmt der Apostel Sankt Jakobus das Paris unserer Tage unter seine Obhut.

Die Kolonnade und der Louvre. Ludwig XIV. kommt das Verdienst zu, den Louvre mit seiner Hauptfassade ausgestattet zu haben. Die Kolonnade bleibt mit dem Namen Perrault verbunden, soll aber dem Architekten Le Vau zugeschrieben werden. Durch seine architektonische Strenge und Schlichtheit gilt dieser Säulengang als der höchste Ausdruck des französischen Klazissismus. Der Louvre, der mit dem Vatikan, der größte Palast in der Welt ist, wird im Laufe des 17. Jahrhunderts regelmäßig ausgebaut. Die Geschichte des Louvre beginnt mit Philipp August, der eine königliche Festung errichten ließ und spielt sich während dreihundert Jahre stetiger Bemühungen ununterbrochen ab. Der geräumige quadratische Schloßhof, dessen Bau 1546 mit dem Architekten Pierre Lescot unter Franz I. begann, wurde unter Ludwig XIII. und Ludwig XIV. ergänzt : er stellt den ältesten Teil dieses erhabenen Bauwerks dar, das einen bedeutenden Abschnitt französischer Geschichte vergegenwärtigt. Zwischen Louvre und Tuilerien wurde unter der Regierung Heinrich IV. ein Verbindungsgang errichtet : die Ufergalerie. Die ersten Gebäude sind von Formen und Motiven der italienischen Renaissance frei inspiriert. Schon mit Ludwig XIV. aber verließ der Hof den Louvre und zog nach Versailles. Von nun an wurde der Palast der Kunst und der Wissenschaft gewidmet : Ausstellungen der Akademien fanden im Louvre regelmäßig statt. Mit der Revolution wird einer schon von Ludwig XVI. erdachte Plan verwirklicht : der Louvre gestaltet sich in ein Museum um, das eine Enzyklopädie der Kunst in sich ist. Napoleon I. versuchte, den « großen Plan » einer Vollendung des Louvre zu seinem Ruhme auszuführen, was aber erst unter Napoleon III. mit den Architekten Visconti und Lefuel zustandegebracht wurde. Die Baugeschichte des Louvre stellt anschaulich die Fortdauer Frankreichs dar.

Die Kirche Saint-Germain-des-Prés. Der fast tausendjährige Glockenturm der älteste Kirche von Paris gehört im Herzen eines Viertels, das eine kleine Welt für sich darstellt. Er erhebt sich über die übriggebliebenen Gebäude der Abteikirche, die am Anfang des 11. Jahrhunderts errichtet wurde und ein Zentrum des geistigen Lebens war. Diese einst so mächtige Abtei wurde von Childebert I., dem Sohn Chlodwigs, gegründet; sie bleibt mit der Geschichte des Viertels Saint-Germain-des-Prés unlösbar verbunden : Kunst, Literatur und Lebensfreude sind hier seit langem heimisch. Alle möglichen Extravaganzen, sei es in der Philosophie oder in der Kleidermode, sind hier zu finden, in dieser Stimmung der geistigen Auseinandersetzung und des modischen Strudels. Sie hat die Umgebung dieser rührenden gotisch-romanischen Kirche nie verlassen, die in ihrer Erhwürdigkeit alle umstehenden Gebäuden übertrifft und in deren Schatten sich friedlich die alten Straßen und Gäßchen eines Viertels hinziehen, das sein ursprüngliches Gepräge aufbewahrt hat. Ein Viertel, das Vertrauen erweckt und Menschlichkeit zuläßt und wo sich große und kleine Cafés, Antiquariate, Buchhandlungen und Kunstgalerien eng berühren.

Palais und Jardin du Luxembourg. Für Maria Medici, die Witwe Heinrich IV. und Regentin Frankreichs, erbaute der Architekt Salomon de Brosse ab 1615 diesen großen Palast im Stil der florentinischen Renaissance. Die Pläne basieren auf denen einer Festung, das ganze Äußere aber verwendet, wie im Palazzo Pitti in Florenz, die Rustikaquaderung, damit die Regentin den Stil ihrer Heimat wiederfinden konnte. Das Innere schmückten die Kolossalgemälde von Pieter Paul Rubens, die das Leben Maria Medici glorifizieren und die sich heute im Louvre finden. Weitläufige Parkanlagen mit Terrassen und Wasserspielen, im Geschmack der italienischen Gartenkunst, ergänzen unverzüglich den Palast. Bis zur Revolution blieb das Palais noch im Besitz des Hauses Orléans, des jüngeren Zweiges der königlichen Familie und wurde dann zu einem Parlamentsgebäude. Heute tagt der Senat im Palais. Im 19. Jahrhundert wurde der Palast ausgebaut und mit viel Prunk ausgestattet. 1840 wurde in dieser Hinsicht Delacroix beauftragt, die Decke der neuen Bibliothek zu bemalen : diese Gemälde gehören zu seinen wichtigsten lyrischen Werken. Auch der Garten wurde umgestaltet und erweitert : eine lange Kastanienallee verlängert die südliche Perspektive des Gartens in Richtung des Observatoriums; an deren äußersten Ende steht eine Fontäne, die allegorische Frauengestalten der vier Kontinente von Carpeaux und Frémiet schmükken. Seit dem 17. Jahrhundert ist dieser herrliche Garten dem Publikum zugänglich : Watteau, Rousseau und Diderot, Verlaine, Valery und Gide verweilten unter den Bäumen, in diesem erholsamen Vorhof der Universität, wo Künstler wie Studenten noch zu träumen wissen.

Die Kirche Val-de-Grâce. Seit der Mitte des 17. Jahrhunderts bekrönt majestätisch die italienichste aller Kuppel von Paris die Kirche einer früheren Benediktinerabtei. Anna von Österreich, die Gemahlin Ludwig XIII., legte das Gelübde ab, eine Kirche erbauen zu lassen, wenn Gott ihr einen Sohn schenkte. Ihr Wunsch war mit der Geburt des späteren Ludwigs XIV. im Jahre 1638 erfüllt. Sieben Jahre später legte der junge König den Grundstein zu diesem Gebäude, das nach Pläne François Mansarts begonnen wurde. 1667, fünfzehn Jahre nach dem Tode der Königinmutter, wurden die Bauarbeiten beendet. Zur Revolutionszeit wurde die ehemals königliche Abtei ihrer Bestimmung beraubt und in ein Lazarett umgewandelt. Unbestreitbar ist im Val-de-Grâce der Einfluß der Peterskirche und des Gésu in Rom zu erkennen. Die französische Kunst ist hier in erfreulicher Weise dem Barockstil verfallen, dem sie im allgemeinen zu entfliehen wußte. Betrachtet man die prachtvolle, mit Fresken von Pierre Mignard ausgemalte Kuppel, so wird man sofort an Italien erinnert. Ein von Bernin inspirierter monumentaler Baldachin mit gewundenen Säulen aus schwarzem Marmor überdacht den Hauptaltar : auf großartige Weise vervollständigt er diese Kirche im italienischen Stil, die mitten im Quartier Latin einen meisterhaften Beispiel der Klosterarchitektur des « Grand Siècle » anschaulich darstellt.

Die Kirche Saint-Gervais. Kirchturm und Dach der Kirche Saint-Gervais-Saint-Protais überragen die alten Häuser, die sich rechts der Seine am Quai de l'Hôtel de Ville hinziehen. Dem Gründungsjahr nach, das vermutlich am Ende des 4. Jahrhunderts anzusetzen ist, soll diese Kirche eine der ältesten von Paris sein. Ihre gegenwärtige Form besitzt sie seit dem Ende der gotischen Epoche; sie wurde aber erst in den ersten zwanzig Jahren des 17. Jahrhunderts vollendet. Im scharfen Gegensatz zum echt mittelalterlichen Kirchenschiff steht eine klassizistischen Fassade, deren Entwurf dem Architekten Métezeau zuzuschreiben ist und deren Grundstein 1616 vom jungen König Ludwig XIII. gelegt wurde : durch die strenge Anordnung der Doppelsäulen auf den drei Geschossen gilt diese Fassade als eine der ersten Ausdrucksformen der französischen Klassik. Durch den Reichtum und den hohen Wert ihrer Kunstwerke aus allen Stilepochen stellt Saint-Gervais ein lebendiges Museum der Kirchenkunst dar. Unter den Fenstern befinden sich einige Hauptwerke der Renaissance glasmalerei.

Der Place des Vosges. Dieser auf Anordnung Heinrich IV. in den ersten Jahren des 17. Jahrhunderts erbaute Platz nannte sich ursprünglich « Place Royale ». Die dreifarbige Harmonie, die sich aus blauem Schiefer, weißem Stein und rosafarbenem Backstein ergibt, verleiht dem Platz seine Einheit : er wurde zum Treffpunkt des Marais, eines Viertels, das bis zu Ludwig XV. Zentrum der eleganten Welt in Paris blieb. Dann setzte die lange Periode des Verfalls ein : erst in unseren Tagen machte man es sich zu einer Aufgabe, diese Entwicklung rückgängig zu machen. In dieser geschloßenen Reihe der Pavillons, die vier Seiten mit Arkadengängen bilden, lebte einst der brillanteste Adel von Paris. Im vergangenen Jahrhundert wählte Victor Hugo einen dieser Hôtels als Wohnung aus, die heutzutage ein Museum geworden ist. Durch die Fenster kann man die harmonische Geschloßenheit des Platzes überschauen : einen der ersten Beispiele für den klassizistischen Städtebau, der unter Ludwig XIV. seinen Höhepunkt erreichen sollte.

Das Pantheon. Vom höchsten Punkt des Quartier Latin herab überragt herrisch die Kuppel des Pantheons den ganzen Ostteil der linken Seineseite. Nach Plänen des Architekten Germain Soufflot 1756 errichtet, thront das Pantheon an der Stelle der verfallenen Klosterkirche Sainte-Geneviève und wurde zur Zeit der Revolution dem Kult der « großen Männer » gewidmet. Der Erbauer dieses kolossalen Ruhmestempels versuchte, « die elegante Leichtigkeit der gotischen Bauwerke mit der Reinheit und Größe der griechischen Architektur in der glücklichsten Form zu vereinen ». Seine tiefe Kenntnis des Mittelalters drückt sich im kunstvollen Aufbau seiner Kirche aus und seine Verehrung für die Antike bezeugt er durch das großartige Peristyl im korynthischen Stil, das dem Pantheon in Rom nachgeahmt ist. Im Innern wölbt sich die Kuppel über die Vierung, die wie die Kreuzarme und das breite Kirchenschiff von korynthischen Säulen getragen werden. Große Gemälde, die von der Schutzpatronin Paris, der Heiligen Genoveva, berichten und in erster Linie von Puvis de Chavannes ausgeführt wurden, schmücken diesen monumentalen Tempel, wo mit anderen Großen die Gebeine Jean-Jacques Rousseaus, Voltaires, und Victor Hugos ruhen.

Die Kirche Saint-Étienne-du-Mont. Von dieser kostbaren Renaissancebrücke herab wurde einst das Evangelium verlesen. Zwei Wendeltreppen stehen an der Seite des Lettners, des einzigen, der in Paris erhalten ist. Sie umschlingen die Vordersäulen des Chores dieser lichtdurchfluteten Kirche aus dem 15. und 16. Jahrhundert; es ist einer der schönsten Altarräume der Hauptstadt und wurde einst Mittelpunkt der wichtigsten Universitätsgemeinde. Dort wurden unter Ludwig XIV. die Urnen Pascals und Racines beigesetzt. Hier verewigt sich seit jeher die Wallfahrt der Pariser Gläubigen zu ihrer Schutzpatronin, der Heiligen Genoveva. Die kostbarsten Kirchenfenster stammen aus dem 16. und 17. Jahrhundert; daneben findet man zahlreiche Kunstwerke, unter denen große Votivbilder von Largillière und De Troy. Die hinter dem Pantheon gelegene Kirche Saint-Étienne-du-Mont, die sich in unmittelbarer Nähe der ehemaligen Abtei Sainte-Geneviève befindet, des heutigen Gymnasiums Heinrich IV., besitzt außerdem eine reizvolle Fassade aus dem Anfang des 17. Jahrhunderts, die im Zeichen der Vernunft die ausgehende Gotik und die beginnende Klassik in sich schließt.

Der Tuileriengarten. Das Tuilerienschloß, das sich parallel zur Seine an den äußersten Westflügel des Louvre anschloß, wurde 1883 abgerissen, nachdem es zwölf Jahre zuvor zur Zeit der Kommune in Brand gesetzt worden war. Das Schloß wurde in der Mitte des 16. Jahrhunderts vom Architekten Philibert De l'Orme im Auftrage der Witwe Heinrich II., Katharina Medici, erbaut. Unter den verschiedenen Regierungen, besonders unter Ludwig XIV., erlebte es Ausbau und Ausgestaltung. Von Napoleon I. bis zu Napoleon III. diente es als offizielle Residenz der französischen Souveräne. Zwischen Louvre und Concorde, zwischen der Rue de Rivoli und der Seine, blieb nur der berühmte Garten übrig, für immer seines steinernen Herren beraubt, der über die herrlichen Gartenperspektiven regierte. Im Laufe des 17. Jahrhunderts gab Le Nôtre dem königlichen Garten eine neue Gestalt : dem Publikum zugänglich, wurde er zum Forum des Pariser Lebens, dem Treffpunkt der Mode, der Galanterie und des Geistes. Das Verschwinden des Schloßes bereitete auch diesem lebendigen Treiben ein Ende. Das Zentrum der Mode hat sich verlagert. Immer noch bietet sich aber, in diesem vorbildlichen französischen Garten, die Gelegenheit zur Meditation und zum Spaziergang von einem Bassin zum anderen, über die lange Allee, die einen herrlichen Blick in Richtung der Champs-Elysées und des Triumphbogens bietet.

Der Palais-Royal. Ein Garten, der Verträumtheit und Noblesse atmet, umgeben von den Arkadengängen eines weitläufigen Palastes aus dem Ende des 18. Jahrhunderts : Kinder und Liebespaare, Tauben und Katzen bringen noch etwas Leben in diesen großen schlummernden Raum, der wenige Schritte vom Louvre entfernt, vom Rauschen der Geschichte heute beiseite steht. Sein Name erinnert an den Aufenthalt des jungen Ludwig XIV. in diesem Palast, der kurz zuvor vom Architekten Jacques Lemercier für den Minister des Königs Ludwig XIII., Richelieu, erbaut worden war. Kurz vor dem Tode des Kardinals wurde dem jungen König der Palast geschenkt. Später wurde er dem Königsbruder, dem Herzog von Orléans, übergegeben und blieb dann bis zur Revolution im Besitz des jüngeren Zweiges des königlichen Hauses. Einige Jahre vor der Revolution beauftragte Louis-Philippe-Joseph d'Orléans, Philippe-Égalité, den Architekten Victor Louis, den Garten mit weitläufigen Gebäuden einzurahmen, die bis heute erhalten worden sind. Unter den Arkadengängen eröffneten sich Cafés, Restaurants und Spielhäuser, wo die vorrevolutionären Agitatoren ein vortreffliches Betätigungsfeld fanden. Zu dieser Zeit erlebte das Palais seine Glanzperiode, die sich in den ersten dreißig Jahren des 19. Jahrhunderts, zur Zeit der Romantik, hinauszog. Als die Spielhäuser 1836 geschlossen wurden, verlor er aber endgültig seine Anziehungskraft. Einem alten versöhnten Revolutionär gleich, scheint der Garten seine stürmischen Jugendjahre vergessen zu haben.

Die Oper. Was die Grundfläche betrifft ist die Pariser Oper das größte Theater in der Welt. Zwischen den Jahren 1862 und 1875 erbaut, zeugt sie ganz deutlich von dem eklektischen Baustil des Second Empire und von dem üppigen Neobarock der zweiten Hälfte des 19. Jahrhunderts. Unter Napoleon III. erhielt die Hauptstadt ein neues Gesicht, was in gewissen Fällen systematisch erfolgte. Das prachtvolle, vom Architekten Charles Garnier erbaute Opernhaus entspricht genau der städtebaulichen Erneuerung, die der Baron Haussmann für die ganze Hauptstadt vorgesehen hatte. Am Rande der « Grands Boulevards » gelegen, die das Zentrum des mondänen Lebens im ganzen 19. Jahrhundert darstellten, überragt die Oper einen architektonisch geschlossenen Platz, wo heute zahlreiche Luxusgeschäfte und Läden einen ständigen Zuspruch genießen. Alles sollte dazu beitragen, der Operfassade den Glanz zu verleihen, der einem so wichtigen Ort der Festlichkeiten ansteht. Unter den zahlreichen Skulpturen, die sie überreich schmücken, befindet sich ein Meisterwerk : die realistisch gestaltete, sinnliche Tanzgruppe von Jean-Baptiste-Carpeaux. Im Innern äußern das monumentale Treppenhaus, das weiträumige Foyer und der Opernsaal selbst (dessen Kuppel in unseren Tagen von Marc Chagall ausgemalt wurde) dasselbe Geschmack für Reichtum und Dekoration. Hier spiegelt sich in seinen Wesenszügen der Geist des 19. Jahrhunderts.

Die Basilika Sacré-Cœur auf der Butte Montmartre. 1876 wurde mit dem Bau einer Sühnekirche begonnen, die dem Heiligen Herzen Jesu geweiht wurde. Ihre neoromanische Gestalt krönt die Spitze des Hügels, den geographischen Höhepunkt der Hauptstadt und ihre leuchtenden Kuppeln überragen die Dächer von Paris in die nördliche Richtung. Wenn auch ihr ästhetischer Wert gering bleibt, so verkörpert doch dieses vom Architekten Paul Abadie im 20. Jahrhundert errichtete Bauwerk die Inbrust der Katholiken aus Paris wie aus der ganzen Welt. Ein eigenartiger Hügel steht hier vor uns, der Geschichte mit Märchen immer verschmolzen hat und wo Lebensfreude das inbrunstige Gebet nicht ausschließt. Auf diesem Hügel folgten christliche Martyrer auf heidnische Götter; das Andenken an den Heiligen Denis, der hier Märtyrerqualen erlitt, bleibt mit der Erinnerung an Mars und Merkur verbunden, denen man hier einen Tempel errichtet haben soll. Ignazius von Loyola gründete hier die Societas Jesu und mit Picasso entstand im Bateau-Lavoir die moderne Malerei. In den dörflichen Gartenrestaurants, zu denen sich unzählige berühmte Wirtshäuser gesellten hat Paris bis in unsere Tage immer gesungen und getanzt. Mit seinen Gegensätzen und Widersprüchen ruft der Name Montmartre das Bild des Lebens selbst hervor.

Der Place de la Concorde. Auf halben Weg zwischen dem Tuileriengarten und den Champs-Élysées breitet sich eine herrliche, weit offene Platzanlage, die seine Größe und Harmonie zum schönsten Platz der Welt gemacht haben. Dieser vom Architekten Jacques-Ange Gabriel entworfene Platz entstand in der Mitte des 18. Jahrhunderts zur Zeit Ludwig XV. Er wurde dem König gewidnet, bevor er in der Revolution den Namen der Eintracht erhielt. Zwei majestätische Bauwerke mit korinthischen Säulenreihen grenzen ihn nach Norden ab, beiderseitig der Rue Royale, die zur Madeleine führt. In der Mitte des Platzes, wo sich die Reiterstatue Ludwig XV. befand, und in deren Nähe Ludwig XVI. enthauptet wurde, ließ König Louis-Philippe 1836 den ägyptischen Obelisken von Luxor aufstellen, dem zwei römische Fontänen zur Seite stehen. In der Verlängerung der Brückenachse befindet sich auf der linken Seineseite eine andere Säulenreihe, die dem Palais-Bourbon vorgebaut ist und zur Madeleine-Kirche das Gegenstück bildet, einer Kirche, die Napoleon zu gerne in einem Ruhmestempel umgestaltet hätte. Der nahe Wasserspiegel der Seine, die Krönung der Bäume und der weit offene Himmel, dessen Licht mit jeder Tagesstunde die Perspektive ändert, lassen die strenge Anordnung der steinernen Gebäude beinahe vergessen.

Der Triumphbogen am Étoile. Das Spitzende des leicht abfallenden Abhanges der Champs-Élysées, den André Le Nôtre, der Gartenarchitekt von Versailles entworfen hatte, brauchte ein Denkmal zu seiner Krönung. Erst aber unter der Herrschaft Napoleon I. errichtete man dort ab 1806, nach einem Entwurf von Chalgrin, einen monumentalen Triumphbogen, das größte Bauwerk dieser Art seit der Antike, deren Bögen es als Vorbild nahm. Der durch den Sturz des Kaisers unterbrochene Bau machte langsame Fortschritte : der Riese wuchs mühsam in die Höhe und erhielt seine Endform erst unter der Regierung Louis Philippe im Jahre 1836. Der Triumphbogen ist den siegreichen Armeen der Revolution und des Empire gewidmet : er zeigt beiderseitig seines Bogens in Stein gehauene Gruppenbilder. Eine dieser Gruppen gehört zu den wichtigsten Werken der Bildhauerkunst des 19. Jahrhunderts : sie stammt von François Rude und stellt den Abschied der Freiwilligen im Jahre 1792 dar, eine höchst epische und lyrische Szene, die

Nationalhymne der Marseillaise verbildlicht. Seit 1920 brennt eine Flamme über dem Grabmal des Unbekannten Soldaten aus dem ersten Weltkrieg, der hier unter dem grandiosen Denkmal beigesetzt wurde, dem Hochaltar des französischen Patriotismus.

Die große Perspektive vom Louvre zum Étoile. Diese unvergleichliche Perspektive sieht einem, gegen Westen geschossenen Pfeil ähnlich. Im Verlauf ihrer jahrhundertelangen Geschichte ist sie immer ein Anziehungspunkt der Hauptstadt geblieben : eine gebieterische Linie, die eine Verbindung zwischen Vergangenheit und Zukunft herstellt. Diese Perspektive, die zwischen den beiden Flügeln des Louvre — des Palastes des Königs, des Kaisers und der Nation — ihren Ausgang nimmt, verlängert sich über die Achse des Carrousel, des Tuilerien und des Place de la Concorde, folgt dann der Linie der unter Ludwig XIV. erbauten Champs-Élysées und läuft schließlich am Triumphbogen des Étoile aus. Jenseits dieser napoleonischen Ruhmeshalle vervollständigen die Avenue de la Grande Armée und die Avenue de Neuilly die Perspektive bis zum sternförmigen Place de la Défense : in einem Dickicht von Wolkenkratzern zeichnet sich das Paris des 21. Jahrhunderts ab. Nach Osten und nach Westen liegen zwei verschiedenen Welten, die sich gegenseitig befremden. Werden sie zueinander finden? Es läßt sich nur noch über das Wesentliche einer unvergleichlichen Perspektive nachdenken, die ja keine zufällige Erscheinung ist, sondern das Endprodukt eines konsequenten, schöpferischen Denkens, das das Meisterwerk des europäischen Städtebaus zustandebrachte.

Der Invalidendom. Das Schicksal wollte, daß sich das Andenken an den größten König mit dem Andenken an den größten Kaiser verbindet : 1670 ließ Ludwig XIV. das Hôtel der Invaliden für die Kriegsveteranen erbauen und 1840 wurden die sterblichen Überreste Napoleons feierlich in den Invalidendom überführt, der dieses monumentale Bauwerk überragt. Der Architekt Liberal Bruant wurde mit den eigentlichen Hospitalbauten beauftragt, die an die Strenge eines Klosters erinnern. Eine Reiterstatue des Sonnenkönigs steht über dem gewölbten Eingang in der Mitte der meisterhaften Fassade, der eine Esplanade vorgelagert ist. Der ganze Aufbau gruppiert sich um zwei Kirchen, die ursprünglich ein einziges Bauwerk bildeten : einerseits die Soldatenkirche, die von Jules Hardouin-Mansart nach Plänen von Bruant erbaut worden sein soll — in der Kirche befinden sich die beim Feinde erbeuteten Fahnen —, und andererseits der Dom, ein Meisterwerk Jules Hardouin-Mansarts, der 1706 von Ludwig XIV. eingeweiht wurde. Die reinste und vollendeteste aller Kuppel, der eine durchbrochene Laterne aufgesetzt ist, verjüngt sich nach oben. Dieser Dachaufsatz krönt die Kirche und macht sie zum Symbol der französischen Klassik schlechthin. Napoleon I. ruht in der Gruft, die unter dem Dom eingerichtet wurde, umgeben von seinem Sohn, dem König von Rom, und seinen Brüdern, den Königen Jerome und Joseph. Andere große Soldatengestalten, die Marschalle Turenne, Foch, Lyautey, Leclerc de Hautecloque, ruhen nicht weit entfernt vom Grabe des Kaisers. Weitläufige Gebäude erstrecken sich hinter der Kirche : sie wurden in ein Militärmuseum umgestaltet und rufen den militärischen Ruhm Frankreichs in Erinnerung.

Die Brücken von Paris. Paris ist eine Stadt am Wasser, eine Stadt, die ursprünglich auf zwei Inseln erbaut ist und sich um einen Fluß lagert. Zweiunddreißig Brücken überqueren die Seine. Fast überflüssig erwähnt man, daß diese Brücken im Laufe ihrer Geschichte mehrere Erneuerungen erfuhren. Keiner der römischen bzw. mittelalterlichen Brückenbögen, die einst den Fluß überspannten ist im heutigen Paris erhalten worden. Die älteste Brücke liegt auf der Westspitze der Ile de la Cité : sie stammt aus dem 16. Jahrhundert. Ihr Baubeginn fällt in die Regierungszeit Heinrich III. Diese berühmte und vielbeliebte Brücke wird paradoxerweise « Pont Neuf » — Neue Brücke — genannt. Auf der breiten und mächtigen Brückenbahn verzichtete man darauf, Brückenhäuschen zu errichten : eine epochemachende Erneuerung. Die Einwohner der Hauptstadt wählten die Pont Neuf bevorzugt aus für ihre Spaziergänge und Feste : Heinrich IV. schaut derweil von seinem Bronzepferd mit Wohlwollen herab. Drei andere Brücken stammen aus der Zeit der alten Monarchie : die Pont-Marie, unter Ludwig XIII. erbaut, die das Viertel des Marais mit der Ile de la Cité verbindet, die Pont Royal, die unter Ludwig XIV. von Hardouin-Mansart gegenüber dem zum ehemaligen Tuilerienschloß gehörenden Pavillon de Flore gebaut wurde, und schließlich die Pont de la Concorde, die zur Zeit Ludwig XVI. errichtet wurde. Die Pont des Arts zwischen dem Louvre und dem Institut de France schwebt seit 1802 über der Seine : von dieser Stelle aus wird man nie müde, den Umriß der Mutterinsel, die grau- und rosafarbenen Häuser des Place Dauphine zu betrachten, die von der Spitze der Sainte-Chapelle und von den Turmen von Notre-Dame überragt werden. Weiter abwärts schuf man um die Jahrhundertwende die auf der Achse des Invalidendomes liegende gigantische Brücke Alexandre III. : mit Standpfeilern überladen, stellt sie einer der beredtesten und treuesten Zeuge der « Belle Époque » dar. Neu oder alt, stolz oder bescheiden gehören alle diesen Brücken unlösbar zum historischen und poetischen Antlitz der Stadt. Man betritt sie immer ein wenig verträumt : sie sind wie Brückenköpfe zu allen Zaubern, die Paris täglich hervorbringt.

Reseñas históricas

Columna de Julio y el Genio de la Bastilla. En este lugar se elevaba desde finales del siglo XIV una monumental fortaleza de estilo gótico, que fue más tarde prisión, conocida con el nombre de Bastilla. Conquistada y arrasada cuatro siglos después por los revolucionarios, los escasos detenidos que se encontraban en ella fueron liberados. Este hecho se produjo el 14 de julio de 1789, fecha que señala el comienzo de la Revolución francesa... Una columna de bronce se alza en el centro de la plaza y este monumento conmemora también otra revolución : la de julio de 1830, que provocó el derrocamiento del rey Carlos X y la subida al trono de Francia de Luis Felipe. En la cúspide, en postura acrobática, está colocado el genio de la Libertad y a sus pies, el 14 de julio de cada año, la población de París baila y se divierte en medio del estruendo causado por los cohetes y del engalanamiento que prestan los farolillos verbeneros y las banderitas que, en este lugar, traen al recuerdo la antigua y fatídica victoria conseguida.

Edificio circular de La Villette. Los recaudadores de impuestos, en los últimos años del siglo XVIII, consiguieron que se les autorizase el levantamiento en torno a París de una barrera que les permitiese vigilar eficazmente el pago de los tributos exigidos en unos cincuenta puestos de fielato. El arquitecto Claude Nicolas Ledoux, gran amante de las construcciones de la Antigüedad y llevado por cierto delirio de grandeza, ordenó que se alzase una serie de edificios en los que se debían efectuar las inspecciones fiscales. La mayoría de ellos, en los que se ponía de manifiesto el gran sentido arquitectónico y plástico del realizador, han sido destruidos desgraciadamente en el transcurso de la última centuria. El que subsiste, a la altura de La Villette, es quizá uno de los más admirables. Tiene forma circular de gran diámetro y las cimbras de las arcadas se sostienen gracias a dos columnas dóricas. La apariencia que le dan los peristilos con frontones triangulares que sirven de asiento a este edificio hacen pensar en un templo grecorromano más que en una modesta oficina de arbitrios municipales.

Nuestra Señora de París. Nuestra Señora de París, en este fin del siglo XX, es objeto del mayor interés suscitado por motivos religiosos o por simple curiosidad y que no difiere del que ya mereció en el curso de ocho siglos de una existencia fervorosa y agitada que se confunde con el destino de la capital y con el de la misma Francia. La Catedral, situada en la isla de la « Cité », cuna de París, empezó a construirse hacia 1163 y fue, una vez acabada, el templo gótico más importante y más puro de todos cuantos hoy existen. Embellecida y enriquecida, mutilada y restaurada al paso de los tiempos, continúa teniendo lo esencial de lo que constituye su majestuosidad, atractivo y prestigio al conservar los seis pórticos que enmarcan, las inmejorables proporciones de las cinco naves, el destello de las vidrieras del siglo XIII y de los tres rosetones. Nuestra Señora de París resplandece a todas las miradas e infunde respeto a cualquiera que la contempla. Es una especie de relicario de la Edad Media. En ella está impresa la historia de Francia en páginas que relatan el proceso de rehabilitación de Juana de Arco, los *Tedéum* celebrados en honor de las victorias de Luis XIV, la coronación imperial de Napoleón por Pío VII y las ceremonias solemnes que han señalado el final de las dos últimas guerras mundiales. Nuestra Señora de París, por mucho que la capital de Francia haya edificado o se haya esforzado año tras año a través de los siglos en revestirse de nuevas galas, sigue siendo desde el punto de vista religioso, artístico o histórico el símbolo vivo de la ciudad.

La Conserjería. Las torres de la Conserjería, dominadas por las de Nuestra Señora de París, son el remate de un edificio situado al norte del Palacio de Justicia en pleno centro de la isla de la « Cité », que fue sucesivamente sede del Parlamento de París y residencia de los primeros reyes capetos después de haber sido palacio de gobernadores y emperadores romanos. Estas cuatro torres, construidas en el siglo XIV salvo la que se encuentra al oeste que data del reinado de San Luis, son mudos testigos medievales de la residencia real más antigua de París. Tras ellas pueden admirarse las cuatro naves ojivales de la grandiosa sala de armas, edificada de 1301 a 1315 por Felipe IV el Hermoso, quizá la representación más perfecta del estilo gótico en Francia. La Conserjería fue prisión ya en la Edad Media y conoció los momentos más lúgubres durante la Revolución cuando, en su siniestro recinto, se efectuaron las matanzas de septiembre de 1792 y cuando estuvo detenida en una de sus salas la reina María Antonieta. Los complejos edificios de todas las épocas que constituyen el Palacio de Justicia traen consigo amargos recuerdos que se difuminan al contemplar la Santa Capilla, construida por San Luis para albergar la Corona de Espinas de Jesucristo. Bendecida en 1248, este relicario de piedra, iluminado por vidrieras admirables de la Edad Media, es la suprema obra maestra del arte gótico.

Torre de Saint-Jacques. Esta elevada torre de estilo flamígero, aislada en el centro de un jardincillo y en las cercanías de la plaza de Châtelet, encrucijada vial de la orilla derecha del Sena, plantea a quien la ve más de un enigma originado por los edificios y teatros del Segundo Imperio que la enmarcan... Constituye el único resto que queda de la iglesia de Saint-Jacques-de-la-Boucherie, santuario de los carniceros parisienses. Este poderoso gremio fue el que, en los veinte primeros años del siglo XVI, mandó erigir el campanario de su iglesia parroquial, destruida ésta en 1797. El nombre de Torre de Saint-Jacques se debe a las peregrinaciones efectuadas desde distintos países a Santiago de Compostela y que atraían a las muchedumbres de toda la Cristiandad medieval. Uno de los caminos tomados se encontraba cerca de esta iglesia y los peregrinos hicieron de ella una de sus etapas. El apóstol Santiago el Mayor, en la cúspide del antiguo campanario, domina desde su altura el París contemporáneo.

Columnata y palacio del Louvre. Luis XIV ornó la fachada principal del palacio del Louvre con la columnata que lleva el nombre de Perrault. Pero no fue probablemente este arquitecto su constructor; más bien se puede atribuir el honor de esta creación esencial del clasicismo francés, por la gravedad y sencillez de sus líneas, a Luis Le Vau. Este palacio, que es junto al del Vaticano uno de los más grandes del mundo, continuaba a mediados del siglo XVII su obra de embellecimiento. El Louvre en los comienzos fue una fortaleza real, edificada a finales del siglo XII por Felipe Augusto, y se necesitaron más de trescientos años de continuos esfuerzos para llegar a la primera fase de realización. La inmensa « Cour carrée », iniciada en 1546 por el arquitecto Pierre Lescot, durante el reinado de Francisco I, completada en tiempos de Luis XIII y de Luis XIV, es la parte más antigua de esta majestuosa edificación. Las primeras construcciones de este patio, de estilo renacentista italiano, se unen en la época de Enrique IV con la inmensa Galería que bordea el Sena antes de que ésta se confunda con el palacio de las Tullerías. Luis XIV trasladó la Corte a Versalles abandonando el Louvre que se convirtió en lugar de reunión de artistas y sabios, salones de exposiciones y domicilio de academias. El triunfo de la Revolución hizo que se realizase el proyecto, concebido ya por Luis XVI, de que el Louvre fuese dedicado a museo, actualmente uno de los más enciclopédicos del mundo. Napoleón I quiso llevar a cabo la conclusión del palacio, pero el fin de las obras sólo fue efectuado por Napoleón III, bajo la dirección de los arquitectos Visconti y Lefuel. La historia del Louvre representa en realidad la continuidad histórica francesa.

Iglesia de Saint-Germain-des-Prés. El campanario, al que poco falta para ser milenario, de la iglesia más antigua de París es el epicentro de un barrio que, en cierta manera, constituye el microcosmos de París. Levantado en los primeros años del año mil, domina los vestigios de una de las abadías de Francia más poderosa y que más ha hecho para la defensa de la cultura. Este centro monástico, fundado en el siglo VI por Childeberto I, sucesor de Clodoveo, ha señalado de modo indeleble el destino del barrio de Saint-Germain-des-Prés que no esperó la mitad del siglo presente para consagrarse al mismo tiempo a las artes, a las letras y al bien vivir, e incluso, como ocurre actualmente, a las mayores extravagancias en el fondo y en la forma, filosóficas o de indumentaria... La inteligencia y el ingenio ocuparon siempre en este lugar puesto señero y la moda fue en cualquier momento dueña y señora. Esta última no se apartó jamás de las cercanías de este sagrado templo románico y gótico, edificio objeto de más veneración que ningún otro, y que con su sombra cobija religiosamente las calles y callejuelas de un rincón parisiense que posee gran carácter humano y familiar en el que pueden hallar, unos al lado de otros, cafés grandes y pequeños, anticuarios, librerías y galerías de arte.

Palacio y parque de Luxemburgo. El arquitecto Salomon de Brosse, para satisfacer los deseos de María de Médicis, viuda de Enrique IV y regente de Francia, construyó a partir de 1615 un gran palacio. Concebido como una fortaleza, se siguieron en su ornamentación los modelos florentinos, especialmente el del palacio Pitti, para complacer a la reina, de origen italiano. Rubens se encargó de la decoración del palacio y ejecutó una serie de cuadros, que más tarde fueron trasladados al Louvre, en los que se relata la vida de la soberana. Un espléndido jardín con innumerables terrazas y surtidores de agua, a semejanza de los existentes en Italia, completa el conjunto de la edificación. Ésta, que perteneció hasta la Revolución a la familia de Orléans, rama segundona de la casa real, fue destinada a ser uno de los dos palacios parlamentarios de París, y en él se encuentra actualmente el Senado. El edificio se agrandó en el siglo XIX y se embellecieron los interiores. E. Delacroix recibió el encargo en 1840 de decorar las bóvedas de la nueva biblioteca y las pinturas de gran lirismo que realizó se pueden catalogar entre sus obras maestras. El parque también ha sido modificado y su trazado ha visto cambiada su forma primitiva. Una larga alameda poblada de castaños, en cuya extremidad borbotea el agua de la fuente de las Cuatro partes del mundo, esculpida por Jean-Baptiste Carpeaux y Emmanuel Frémiet, prolonga la perspectiva meridional hacia el Observatorio de Luis XIV. Abierto al público a partir del siglo XVIII, este maravilloso parque, en el que solían pasearse, según las épocas, Watteau, Rousseau, Diderot, Verlaine, Valéry y Gide, constituye un lugar de recreo de la universidad y sirve a todos aquéllos que saben dedicar la mayor parte de su vida a la reflexión, la imaginación y el ensueño.

Iglesia de Val-de-Grâce. Esta iglesia de una abadía benedictina, construida a mediados del siglo XVII, en cumplimiento de un voto solemne, por orden de la esposa de Luis XIII, Ana de Austria, posee como remate majestuoso la cúpula más románica de París. La reina había implorado a Dios que fuesen satisfechos sus deseos de tener descendencia masculina y sus plegarias fueron oídas en 1638 con el nacimiento de un hijo que sería más tarde Luis XIV. Este rey puso la primera piedra del edificio siete años más tarde y el arquitecto encargado de trazar los planos fue François Mansart. La obra vio su fin en 1667, quince años más tarde de la muerte de la reina madre. La iglesia dejó de ser dedicada al culto divino durante la Revolución y la antigua abadía real se convirtió en hospital militar. La influencia que recibió la iglesia de Val-de-Grâce de la basílica vaticana y del templo Gesù o de los jesuitas de Roma fue incontestable. En esta edificación el arte francés, que de manera general había evitado caer en las tentaciones del estilo imperante, se ha dejado llevar por el barroquismo de la época y la arquitectura italiana acude a la mente cuando se contempla la magistral cúpula que contiene en el interior frescos ejecutados por Pierre Mignard. Un monumental baldaquino, inspirado en Bernini como atestiguan las columnas salomónicas de mármol negro, corona el altar mayor y completa admirablemente esta iglesia de estilo italiano que es, en el Barrio Latino, una de las realizaciones ejemplares de la arquitectura monástica del Siglo de Luis XIV.

Iglesia de Saint-Gervais. El campanario y el remate de Saint-Gervais-Saint-Protais sobresalen por encima de las vetustas casas que, a lo largo del muelle del Hôtel-de-Ville, costean la orilla derecha del Sena. La erección de este templo, que data de finales del siglo IV, hace que esta iglesia sea una de las más antiguas de París. Tal y como la vemos ahora es el resultado de una reconstrucción emprendida a finales del período gótico y acabada en los veinte primeros años del siglo XVII. De este modo, la nave, de puro estilo medieval, contrasta con la fachada cuyo trazado se debe al arquitecto Clemente II Métezeau y cuya primera piedra fue asentada en 1616 por el joven rey Luis XIII. El riguroso ordenamiento de las columnas dobles y superpuestas convierte esta edificación en una de las primeras manifestaciones del clasicismo francés. Saint-Gervais, debido a la abundancia y calidad de las obras de todas las épocas que encierra, constituye un extraordinario museo de arte religioso. Entre las vidrieras que la ornan, se encuentran algunas piezas fundamentales de esta clase de pinturas renacentistas en París.

Plaza de los Vosgos. Es exactamente la antigua plaza Real como fue concebida en los primeros años del siglo XVII durante el reinado de Enrique IV. Delimitada por edificios en cuyas fachadas pueden distiguirse tres colores —pizarra azul, piedra blanca y ladrillo rosa—, esta plaza se convirtió en el centro mundano del barrio del Marais, antes de sumirse éste en la larga decadencia a la que hoy, por fin, se intenta poner remedio. Las casas cuyas partes bajas forman soportales, eran residencias en las que vivían entonces la flor y nata de la aristocracia parisiense. Víctor Hugo eligió su domicilio en una de ellas en el siglo XIX. De las ventanas de su morada, actualmente transformada en museo, se podía abarcar con la vista el conjunto de esta armoniosa plaza, uno de los primeros ejemplos del urbanismo clásico que la Francia de la época de Luis XIV iba a llevar a su más alto grado.

El Panteón. Desde la cumbre del Barrio Latino, la robusta cúpula del Panteón domina todo el sector oriental de la orilla izquierda del Sena. Sobresale por encima de la antigua iglesia de Sainte-Geneviève cuya construcción, bajo la dirección del arquitecto Germain Soufflot, se inició en 1756 y que, más tarde, fue consagrada por la Revolución al culto de los hombres ilustres. El autor de este santuario colosal procuró « reunir, al amparo de la belleza de sus líneas, el primor delicado de las edificaciones góticas y la magnificencia de la arquitectura griega ». Su conocimiento de los métodos empleados en la Edad Media resalta en la estudiada estructura de la iglesia y su devoción por la Antigüedad se manifiesta en la fachada por medio de un admirable peristilo corintio imitado del Panteón de Roma. Otras columnas corintias bordean la ancha nave con cúpulas de este sorprendente edificio. Enormes lienzos, principalmente las pinturas ejecutadas por Puvis de Chavannes que relatan la historia de Santa Genoveva, patrona de la capital, decoran este templo grandioso en el que, entre otros muchos « hombres beneméritos », la « patria reconocida » acoge los restos mortales de Jean-Jacques Rousseau, Voltaire y Victor Hugo.

Iglesia de Saint-Étienne-du-Mont. En este delicado puente de piedra renacentista se predicaba antaño el Evangelio. Esta galería que separa el coro del trascoro, única en su estilo que aún subsiste en París, tiene dos escaleras que se enroscan espiralmente en torno a las primeras columnas del coro de esta resplandeciente iglesia de los siglos XV y XVI, cautivador santuario que fue la principal parroquia de la Universidad. Aquí fueron trasladadas en la época de Luis XIV las cenizas de Pascal y de Racine. Y aquí también París perpetúa la secular peregrinación de Santa Genoveva, patrona de París. Inmensas y maravillosas vidrieras de los siglos XVI y XVII relucen en sus ventanales y el templo encierra numerosas obras de arte, entre las que cabe destacar grandes pinturas conmemorativas ejecutadas por los pinceles de Largillière y de De Troy. Situada detrás del Panteón, muy cerca de la antigua abadía de Sainte-Geneviève, actualmente Instituto de Enseñanza Media Enrique IV, la iglesia Saint-Étienne-du-Mont posee una interesante fachada de principios del siglo XVII en que se conjugan el estilo de las postrimerías del gótico y las primeras andaduras del clasicismo.

Jardín de las Tullerías. Perpendicularmente al Sena, en la extremidad occidental del Louvre, al cual está unido, el palacio de las Tullerías fue arrasado en 1883, después de haber sido incendiado durante la Comuna doce años antes. Su construcción se inició a mediados del siglo XVI por el arquitecto Philibert De l'Orme, para satisfacer los deseos de Catalina de Médicis, viuda de Enrique II, y fue agrandado y embellecido posteriormente en el transcurso de diferentes reinados, especialmente en el de Luis XIV. Fue residencia oficial de los soberanos franceses en tiempos de Napoleón I y Napoleón III. De esta morada sólo subsiste actualmente, entre el Louvre y la plaza de la Concordia y entre la calle de Rivoli y el Sena, el espléndido jardín, preciada gala de una mansión desaparecida desde cuyos ventanales se podía gozar de una insólita perspectiva... Trazado de nuevo con gran talento por André Le Nôtre a mediados del siglo XVII, este jardín real abierto al público fue una especie de foro, escenario predilecto de la moda, de la galantería y alma de la capital. La destrucción del palacio disminuyó su poder de atracción y su fama, pero, a pesar de todo, entre los dos estanques, a lo largo de su amplia alameda central que prolonga, más allá de la plaza de la Concordia, la avenida de los Campos Elíseos, sigue siendo un lugar de paseo y de meditación, una obra maestra de la jardinería francesa.

Palacio Real. Un jardín melancólico y noble rodeado por las galerías de un gran palacio de finales del siglo XVIII. Sólo los niños y los enamorados, las palomas y los gatos animan, a pocos pasos del Louvre, este rincón adormecido en el que únicamente se oyen apagados los rumores de la historia de París. El nombre que lleva recuerda la estancia que durante sus años jóvenes hizo Luis XIV en el palacio que acababa de construir el arquitecto Jacques Lemercier para residencia de Richelieu, ministro de Luis XIII. El cardenal, a su muerte, legó el edificio al rey y, más tarde, Luis XIV lo cedió a su hermano Felipe, duque de Orleáns. El Palacio siguió siendo propiedad de la rama segundona de la casa real francesa hasta la Revolución. Unos años antes del estallido de ésta, Luis Felipe José de Orléans —conocido con el nombre de Felipe Igualdad— encargó al arquitecto Víctor Louis que levantase alrededor del jardín unos grandes edificios que todavía subsisten. En los soportales que tenían estas nuevas construcciones se establecieron cafés, restaurantes, casas de juego o de placer en los que bullían los agitadores del período anterior a la Revolución. El Palacio Real se convirtió entonces en un lugar de moda y continuó siéndolo en la época del Romanticismo durante los treinta primeros años del siglo XIX. Su fama decayó definitivamente cuando se clausuraron, en 1836, las casas de juego. El jardín del Palacio Real no es actualmente más que un veterano revolucionario insatisfecho que finge olvidar su alocada juventud.

Teatro de la Ópera. Si se tiene en cuenta su superficie, la Ópera de París es el mayor teatro del mundo. Construida entre 1862 y 1875, constituye el exponente máximo de la arquitectura ecléctica del Segundo Imperio y de la clásica exuberancia neobarroca que caracterizó el estilo de los últimos cincuenta años del siglo XIX. En París, durante el reinado de Napoleón III, se llevaban a cabo innumerables reformas urbanísticas. El inmenso teatro, construido por el arquitecto Charles Garnier, responde exactamente, por su grandiosidad, al resplandecimiento de la capital por entonces en plena reordenación siguiendo los planes de conjunto del barón Haussmann, prefecto del Sena. A la altura de los Grandes Bulevares, centro de la vida mundana en el siglo anterior, el edificio de la Ópera se yergue al fondo de una plaza armoniosa en cuyas casas, edificadas al mismo tiempo, se encuentran tiendas de lujo que proporcionan una gran y continua animación. No se ha escatimado ningún detalle en la amplia fachada de este importante lugar de recreo para poner de relieve su carácter suntuoso. Entre las innumerables esculturas que lo decoran sobresale el grupo realista y sensual de *La danza,* verdadera obra maestra debida a Jean-Baptiste Carpeaux. En el interior, la escalera monumental, el inmenso salón de descanso, el lugar ocupado por el público, cuya cúpula ha sido decorada recientemente con pinturas de Marc Chagall, reflejan una admirable riqueza ornamental. El conjunto del teatro puede considerarse como un compendio de los caracteres del siglo XIX.

Basílica del Sagrado Corazón de Montmartre. Comenzada en 1876, una basílica neorrománica, oficialmente consagrada por Francia al Sagrado Corazón de Jesús, se alza en la cúspide de la colina de Montmartre, punto culminante de la capital. Las blancas cúpulas que la ornan dominan desde el norte el conjunto de los tejados de París. El edificio, construido por el arquitecto Paul Abadie, no tiene gran valor desde el punto de vista estético, pero encarna, en el siglo XX, el fervor tradicional de los católicos parisienses y extranjeros. La colina en que está asentada la basílica ha sido escenario de curiosos contrastes a lo largo de los años de su existencia. Así la historia se ha confundido a menudo con la fábula, los goces de la vida no han sido obstáculo al reposo proporcionado por las plegarias, los mártires cristianos han sucedido a los dioses paganos y el recuerdo de San Dionisio, torturado en estos lugares, se une al de dedicado a Marte y Mercurio, que tenían templos donde se les rendía culto. No cabe olvidar tampoco que aquí San Ignacio de Loyola estableció en el siglo XVI las bases de la fundación de la Compañía de Jesús, que la pintura moderna fue creada por los pinceles de Picasso en el Bateau-Lavoir y que los viejos ventorrillos, donde el pueblo de París se divertía cantando y bailando, han sido sustituidos finalmente por infinidad de cabarets famosos. Ésta es la paradoja y éstas son lecciones, vivas y contradictorias, que lleva en sí el solo nombre de Montmartre.

Plaza de la Concordia. Un extenso espacio libre que da al Sena entre el jardín de las Tullerías y la avenida de los Campos Elíseos. Esta plaza en la que no se peca de exageración diciendo que es una de las más hermosas del mundo. Realizada por el arquitecto Gabriel, vio la luz del día a mediados del siglo XVIII cuando ocupaba el trono Luis XV cuyo nombre recibió. Esta plaza se llamó luego de la Revolución y finalmente de la Concordia. Dos grandiosos palacios decorados con columnas corintias la limitan al norte por ambos lados de la calle Royale, al fondo de la cual se encuentra la iglesia de la Magdalena. En el centro de la ordenación, donde se alzaba precisamente la estatua ecuestre de Luis XV, no lejos del lugar en el que la Revolución hizo guillotinar a Luis XVI, el rey Luis Felipe, en 1836, ordenó que se colocase el obelisco egipcio de Luxor ornamentado a derecha e izquierda por dos fuentes romanas. En dirección al puente, una serie de columnas hacen juego con las de la iglesia de la Magdalena, templo en el que Napoleón pensó rendir culto a la Gloria. Así es esta plaza en la que la obra arquitectónica tiene en realidad menos importancia que el agua que la rodea, los árboles que la delimitan, el cielo que la corona y la luz de París que la hace cambiar de aspecto con las horas del día.

Arco de Triunfo de la Estrella. El punto culminante de la poca pronunciada pendiente de los Campos Elíseos, trazados en tiempos de Luis XIV por André Le Nôtre, autor de los jardines de Versalles, requería la construcción de un monumento. Pero solamente en el reinado de Napoleón I, en 1806, se erigió el Arco de Triunfo de la Estrella. Esbozado por el arquitecto Chalgrin, es el arco mayor de los realizados después de la Antigüedad en cuyo estilo se inspiró. La caída del emperador difirió su edificación e hizo posteriormente ésta fuese proseguida con bastante lentitud. Este gigantesco monumento no fue acabado hasta el reinado de Luis Felipe. En honor de los ejércitos victoriosos de la Revolución y del Imperio, el Arco de Triunfo tiene, a uno y otro lado de su abertura central,

grupos escultóricos uno de los cuales ocupa lugar preeminente en las artes plásticas francesas del siglo XIX. Se trata de *la Salida de los Voluntarios de 1792* realizado por François Rude, elevada composición épica y lírica que simboliza el himno nacional de *la Marsellesa.* Desde 1920, una llama continua arde sobre la tumba del Soldado Desconocido de la primera guerra mundial, solemnemente inhumado en este monumento grandioso que ha llegado a ser el altar mayor del patriotismo francés.

Perspectiva del Louvre a la Plaza de la Estrella. Esta perspectiva sin par es una flecha arrojada hacia el Occidente que, a través de los siglos de su historia, ha sido siempre el punto de mira de París. Una trayectoria imperativa que enlaza el pasado y el porvenir. Nacida en el Louvre, entre las dos alas del palacio, sucesivamente real, imperial y nacional, donde se alza el Arco de Triunfo del Carrusel, construido en la época de Napoleón, esta perspectiva sigue la dirección de los jardines de las Tullerías y, después de pasar por la plaza de la Concordia, atraviesa la avenida de los Campos Elíseos, abierta por Luis XIV, para concluir en su primera parte en el Arco de Triunfo de la Estrella. Más allá de este monumento napoleónico, continúa el trazado recto con las avenidas de la Grande-Armée y de Neuilly hasta la Defensa, donde un bosque de rascacielos prefigura confusamente el París del siglo XXI. Del este al oeste, dos universos, que parecen ajenos entre sí, se enfrentan. ¿ Llegarán a comprenderse? Actualmente se limitan a observarse. Tenemos, por lo tanto, que reflexionar sobre lo que es esencial en esta perspectiva incomparable, no fruto del azar sino resultado de un deseo bien determinado. Esta creación continua constituye una obra maestra del urbanismo europeo.

Los Inválidos. El destino ha querido que el recuerdo del mejor rey de Francia estuviese asociado con el más ilustre de sus emperadores. Luis XIV fundó en 1670 una institución en favor de los antiguos combatientes de las guerras que había emprendido y en el conjunto arquitectónico construido para este menester se encuentra una iglesia adonde fueron trasladadas con toda solemnidad en 1840 las cenizas de Napoleón. El templo posee una cúpula, por cuyo nombre se le conoce, que domina el gigantesco conjunto de los Inválidos. El arquitecto Libéral Bruant realizó las obras de los edificios destinados a servir de hospital, que son de una austeridad monástica. Una estatua ecuestre del Rey Sol cubre el enorme frontón cimbrado del pórtico en el centro de la admirable fachada que precede la esplanada. La composición entera de los Inválidos se ordena en torno a dos iglesias, primitivamente unidas. Una de ellas, llamada de los Soldados, fue construida por Jules Hardouin-Mansart, según los proyectos de Bruant,

y contiene las banderas arrebatadas al enemigo. La otra, la de la Cúpula, es obra del primero de los arquitectos citados y fue inaugurada por Luis XIV en 1706. Rematada por una linternilla calada, la flecha estilizada que de ésta sale da tal perfección a la cúpula que la hacen por excelencia símbolo del clasicismo francés. Rodeado del rey de Roma, su hijo, y de sus hermanos Jerónimo y José, Napoleón duerme el sueño eterno en una cripta abierta bajo la cúpula. Otros soldados valerosos (Turenne, Foch, Lyautey, Leclerc de Hauteclocque) reposan no lejos de los restos mortales del Emperador convirtiendo los Inválidos, parcialmente dedicado a museo del Ejército, en santuario de todas las glorias militares de Francia.

Los puentes de París. París es una ciudad construida en las riberas de un río y en dos islas que circundan dos brazos de agua. Treinta y dos puentes atraviesan el Sena. No es necesario señalar que en dos mil años estos puentes han sido reconstruidos más de una vez y que ya no existen arcos de la época romana o medieval que pasen por encima de la vía fluvial. La reconstrucción más antigua que existe se ha efectuada en el siglo XVI por Enrique III, en el extremo occidental de la isla de la « Cité », el famoso y popular puente que, paradójicamente, lleva aún el nombre de Pont-Neuf. Las características de este puente, libre de edificaciones en el tablero, fueron una gran novedad. Para los parisienses fue paseo concurrido y en él celebraron sus fiestas populares seguidas por el rey Enrique IV, montado en corcel de bronce, con mirada risueña... Existen sólo otros tres puentes de los tiempos de la antigua monarquía : el puente Marie, construido por Luis XIII, que une el Marais con la isla de San Luis, el Pont Royal que, enfrente del pabellón de Flore del antiguo palacio de las Tullerías, fue realizado por Hardouin-Mansart durante el reinado de Luis XIV, y el puente de la Concordia, contemporáneo de Luis XVI. El Pont des Arts, entre el Louvre y el Instituto de Francia, es, desde 1802 y el Consulado de Bonaparte, una especie de frágil balcón desde donde no se cansa uno de contemplar la silueta de la isla que fue cuna de París, las casas grises y rosas de la Plaza Dauphine coronadas por la flecha de la Santa Capilla y las torres de Nuestra Señora. Más hacia el oeste, el puente de Alexandre III, enfrente de los Inválidos, fue construido en 1900. Sus grandes pilastras y la profusión de estatuas que lo adornan constituyen un testimonio grandilocuente y fiel de la llamada « Belle époque ». Jóvenes o viejos, ambiciosos o modestos, estos puentes forman parte íntima del paisaje histórico y poético de la ciudad, son portadores de los sortilegios de París, en los que la nostalgia se apodera de uno cuando pisa sus calzadas.

パリの歴史的概説

バスティユ広場の 7 月の円柱と自由の天使像: 14世紀の末以来、ここバスティユ広場にゴチック様式の巨大な城塞が建っていました。これは国営の監獄として使われ、人呼んで "バスティユ" といいました。

400年ののち、この監獄は暴徒の襲撃をうけ、彼らはまだわずかに収容されていた囚人を釈放したのち、この監獄を破壊しました。

この事件は1789年の 7 月14日に起こりました。こうしてフランス革命の口火は切られたのです。

青銅造りの円柱が広場の中央に建てられています。この円柱はもうひとつの別の革命——シャルル10世を退位に導き、ルイ・フィリップの即位をもたらした、1830年の革命を記念しています。

円柱の頂上には、自由の天使が軽やかに天空に舞っています。そして円柱の足もとではパリは踊っています。毎年 7 月14日の革命記念日（パリ祭）には提燈の灯や小旗の下で威勢のよい爆竹・花火などの音とともに、この由緒ある広場で、過ぎ去った日のかくもフランスの運命を決した勝利（ヴィクトワール）が祝われるのです。

ヴィレットのロトンド、またの名をルドゥー館: 18世紀の終り、徴税総括請負人たちは、特許をうけて、パリの周囲に、ひとつの関税壁をもうけ、50近くの税関をもって管理した。これらの税関の守りとなるべき館の設計は、古代風にとりつかれた、誇大妄想狂ともいえなくもない、建築家クロード・ニコラ＝ルドゥーによる造形上の想像の極限を証言するこれらの多くは、前世紀の時代の流れの中で、不幸にも打ちこわされてしまった。

今日残っているのは、ヴィレットの税関跡にあり、人をひきつける。歴史を語るひとつのロトンド（円形の石造建物）で、弧をえがくアーチは、ドーリア調の柱ひと組でささえられている。石柱の列が建物の正面をなして、この変った建物の正面を占め、それは単なる徴税事務所というより、むしろギリシア・ローマ風の神殿に似ている。

ノートル・ダム寺院: 20世紀も末のいま、信仰からか興味からか、ノートル・ダムはつねに人々の訪ずれる地である。同じこととは創立以来の熱狂と混乱に満ちた 800年の歴史を通していえる。その存在は首都の運命、フランスの運命とわかちがたい。ノートル・ダムはパリ発祥の地、シテ島にあって、その建築は1163年にさかのぼり、初期ゴチックの寺院の中では、もっとも壮重、もっとも清麗とされる。歴史の流れとともに装飾をほどこされ、手を加えられ、一部を取りこわされ、また復旧されながらも、この建物は、壮大な美しい威厳を保っている。彫刻をほどこされた六つの大きい正面扉、あざやかに比例配分された五つの外檐13世紀のステンド・グラスの輝き、三つのバラ窓（ロザーヌ）。これらがその真髄をなす。ノートル・ダムは、あらゆるまなざしの中に身をおき、あらゆる考えの中に重きをなす。知恵がそこにとじこめられている。あらゆる時代がそこに遍在していて、ジャンヌ・ダルクの復権裁判、ルイ14世の勝利

のテ・デオム（神の賛歌）から、ピオ7世によるナポレオンの戴冠、両世界大戦の勝利の終焉を記した、壮重な儀式にいたるまでの歴史を語っている。

パリは、石の上に石を積み重ねて、各世紀のその年その年に適応した、その装いをあらわしてきたが、ノートル・ダムは、信仰・美術・歴史の三つの観点から、永遠なるパリの生きた象徴となっている。

コンシェルジュリ: そそり立つノートル・ダムの諸塔におよばずながら、コンシェルジュリの塔は、司法宮殿の北面を受けもっている。司法宮殿は、シテ島の中心にあって、パリ市会の議事堂、カペー朝初期の王宮として機能し、ローマ皇帝と治官たちの宮殿を引きついでいる。

コンシェルジュリの四つの塔は、聖王ルイの治下にさかのぼるもっとも西の塔をのぞいて、14世紀に建てられた、パリにおける王の居住地の第一位として、中世の誇りうる証人である。そのうしろには、美男とあだなされたフィリップ4世の治世、1301年から1315年に建てられた、巨大な武人の間があり、上のとがった4列のアーチでささえられ、フランス全土の中でももっとも完全なゴチック式の広間とされている。

中世の時代から、コンシェルジュリは牢獄の役を果たし、大革命の下で牢獄として最悪の時を知った。1792年 9 月の大虐殺があったのも、いろいろ高名な捕囚の中でも、特にあのマリー・アントワネット王妃がとらえられていたのも、このいまわしい壁の間ではなかったか。

司法宮殿を構成する各時代の組み入った建物を見てあるきながら、この苦い記憶を忘れないためには、たとえばラ・サント・シャペルの塔をながめるのもよかろう。これは聖ルイ王の命により、キリストのいばらの冠を納めるために建てられ、1248年聖別された。聖遺物を納める石造の容器は、中世のふしぎなステンド・グラスの光の中にあって、ゴチック美術の最高の傑作である。

サン・ジャック塔: 右岸の重要な交差点のそば、シャトレ広場にほど近い辻公園の中に、ぽつんと建っているこの高いゴチックの一様式フランボワイヤン風の塔は、第二帝政時代の家々や劇場に囲まれてひとつの謎のように見える。

これが昔、パリ市の肉商人達の聖堂として名高かったサン・ジャック・ド・ラ・ブシュリー寺院の遺した唯一の跡なのです。肉商人の強大な同業組合によって、16世紀の初め、彼らの聖堂のための鐘楼として建立されたのがこの塔で、寺院そのものは1797年に破壊されました。

サン・ジャック塔の名は、中世期に多くの国のカトリック教徒を集めてにぎわった北西スペインの聖地サン・ジャック・ド・コンポステル（サンチャゴ・デ・コンポステラ）への巡礼を思い起こさせます。

当時、この巡礼地に向う要路のひとつが、サン・ジャック・ド・ラ・ブシュリー寺院のそばを通っており、巡礼者達の宿営地のひとつとなっていました。

今日も高い塔の頂上から、使徒サン・ジャック・ル・マジュールの像がパリを監視しております。

ルーブル宮殿とその柱廊: ルーブル宮殿にその中央正面を与えた名誉は、ルイ14世に

帰る。ペローの柱廊と呼ばれるが、実は建築家ルイ・ルヴォーに帰さるべきこの正面は、その厳正さと高貴なまでの綿密さとによって、フランス古典主義の欠くべからざる代表である。ヴァチカン宮殿とならんで現在世界最大のこの宮殿は、17世紀の中葉、規則正しく増築されていった。もともとフィリップ・ピエール・レスコ下、12世紀末に建てられた王城砦があったが、それは300年近い連続した努力にもかかわらず完成しなかった。1546年、フランソワ1世の治下、建築家ピエール・レスコーの手で着工した広大な方形宮は、ルイ13世、ルイ14世治下に補完され、この荘厳な古今の建築のもっとも古い部分をなす。

イタリア・ルネサンスの奔放な影響を受けた初期建物に対して、アンリ4世の君臨が始まるや、「水ぎわの回廊」と呼ばれる、巨大な回廊がついにセーヌに沿ってのびて、ついにテュイリー宮殿と結ぶことになる。ルイ14世以降、王政の中心はヴェルサイユ宮殿にうつり、その後芸術家、学者が集まる場所となり展覧会や各種の学校に使われた。画された企画を実現することになり、ルーブルは博物館に転換された。宇宙の百科辞書ともいえるもっとも完備した博物館である。いっぽう、ナポレオン1世は、宮殿完成の「大計画」を、自らの手で実現しようとしたが、それを実現したのは、ふたりの建築家ヴィスコンティとルフュエルの指揮のもと、ナポレオン3世の手による。ルーブルの歴史は、フランス的継続の歴史である。

サン・ジェルマン・デ・プレ寺院
やがて1000年たとうというパリ最古のサン・ジェルマン・デ・プレ寺院の鐘楼は、パリの中でひとつの核をかたちづくっているこのサン・ジェルマン・デ・プレ界隈の震源地となっています。この寺院は西暦1000年のはじめに建立され、当時もっとも強大かつ学識豊かであった僧院の上に君臨していました。

この僧院は西暦6世紀の昔、クロヴィスの息子シルドベール1世により建立されたもので、これほどゆかりのある僧院が存在したことは、その後のサン・ジェルマン・デ・プレ界隈の運命を決定的にしたといえましょう。

20世紀の後半を待たずして、ここサン・ジェルマン・デ・プレに、芸術・文学さらには甘き生活の絢爛たる華が咲いたのでしょう。

もちろん哲学の上に、あるいはここに集まって来る人々の着ている衣裳の上に条理をいったエキストラバガンドな華も大いに乱れ咲きました。

しかしなんといっても、ここサン・ジェルマン・デ・プレの精神と快楽の混沌としてあいまった底が、つねに絶えず流れているのは知的な気流なのです。

サン・ジェルマン・デ・プレは、いつの時代も一貫してエスプリが支配しています。哲学もモードもあらゆる精神活動もまたこのロマネスク様式とゴチック様式の入りまじった感動的な古い寺院、この高貴な古い建物のまわりに育ち、決して離れようとはしないのです。

この寺院の影に安らかに守られて、いくつかの小道が長い年月の間にほとんど変ることもなく、家庭的な人間的な界隈（カルチェ）をかたちづくっています。

ここには大・小・有名・無名のカフェが

伸よく軒を並べ、数ある画廊がとなり合い、独特のふんい気をかもしだしております。

リュクサンブール宮殿とその庭園
西暦1615年から、建築家サロモン・ド・ブロスが、アンリ4世の未亡人、フランス王妃のマリー・メディシスのために城砦のような建て方 フランコ・フロランタン様式の宮殿を建立しました。このイタリア生まれの王妃を満足させるため、彼女の故郷のピッティ宮殿と同じようにこのリュクサンブール宮殿の壁面を、目地面（ボサージュ）といった特殊な様式で覆われました。

同じくこの王妃のため、大画家ピエール・ポール・ルーベンスに、王妃の一代記を華麗な装飾画にたくし宮殿をかざりました。

今日、これらの画はルーブル美術館にうつされています。

さらにまた、イタリア風をまねて、テラスや泉水をあしらった広大な庭園が宮殿の前に追加されました。この庭園は、フランス王の弟系オルレアン公家に革命まで所有されたあと、パリにあるふたつの国民議会の議事堂のひとつとして使われるようになりました。今日、ここにフランスの上院がおかれています。

19世紀にはいり、この宮殿はさらに増築され、さらに豪華に飾りつけられました。

1840年には、浪漫派の大画家ユージェ・ドラクロアが、新しい図書室の円天井の装飾画を委託されています。この装飾画は、ドラクロアの数多い作品の中でももっとも抒情的な美しさをもつ傑作の中にかぞえられています。

庭園もまた同じように修正され、設計しなおされました。ルイ14世下方に建立されたパリ天文台の方に向って、長いマロニエの並木通りを歩いていくと、その先端に美しい泉水がしぶきをあげ、その中央にはジャン・バプティスト・カルポーとエマニュエル・フレミエの共作になる"地球を支える四大陸像"がみられます。

17世紀以来、一般に公園として公開されてから、このリュクサンブール宮殿ワットーや、あるいは哲学者ルッソーやディドロがさらにはヴェルレーヌ、ヴァレリー、そしてジイド達が時代をこえて散策した所であり、また、まわりの学生区（カルチェ・ラタン）の学生達をはじめ、パリにあって、今なお考え、創り、夢見ることを止めぬ人々の楽しい想いの場所でもあるのです。

ヴァル・ド・グラス教会
パリにある円屋根のなかで、もっともローマ的なもの。壮厳な冠として、17世紀中葉から、ベネディクト派修道院の教会をみおろして来た。この教会は厳粛なる誓願成就の印として、ルイ13世の妃、オーストリアのアンの命で建てられた。王妃は、神に男の子をさずけてくれるよう祈った。期待の男子は、1638年この世に生まれ、成長してルイ14世を名のる。とにかく7年のち、フランソワ・マンザールの設計から始められるものに、最初の基石をおくのはこの若き王である。建築は、1667年母后の死後15年後に完成する。大革命のもとで用途を変更され、この旧王立修道院は軍事病院となった。ローマのヴァチカン大寺院、ジェズー教会の影響は、ヴァル・ド・グラスでは否定しえない。ここではフランス美術は、バロックの誘惑に心地よく酔いしれている。しかし、一般的には、フランス美術はそこからのがれている。

そこで、ピエル・ミナールのフレスコ画で、内装された'の円屋根の傑作をながめながら、即座に思いうかべる土地はイタリアとなる。ベルニーニのいわれる設立までのぼるのは、このイタリア風教会におどろくほど調和して、全体として、カルチェ・ラタン（大学区）の中にあって太陽王の世紀の修道院芸術のひとつの典型的作品となっている。

サン・ジェルヴェ教会
サン・ジェルヴェ・サン・プロテの鐘楼と屋根組とは、市会堂の川岸にそって、セーヌ右岸を緑どる古い家々の上にとび出ている。多分4世紀末にまでさかのぼるといわれる設立から、この教会はパリの最古の教会のひとつといえよう。現在存在する形としては、ゴチック期末の工事にされるが、完成されるのは17世紀の20年台になってのことである。したがって、まったく中世的な内部に呼応する外観は、建築家メトゾ家の二代目フィリップの設計によるもので、最初の石がおかれたのは、1616年若きルイ13世の手による。その組みあわされる重複する石柱の配置の正確さから、フランス古典主義の初期代表作のひとつとされる。

サン・ジェルヴェは、そこに集まる各時代の芸術作品の豊富さと質によって、宗教芸術の比類ない生きた宝庫となっている。ステンド・グラスの中には、パリのルネサンス期のガラス絵画の最高傑作がいくつかはいっている。

ヴォージュ広場
この広場はアンリ4世の命令のもとに、17世紀のはじめ、王の広場としてあらわれ今日に見られるように造られたものです。

屋根瓦の青、石の白そして煉瓦のばら色と、ほかにもフランスの三色に彩られた建物に囲まれた、ここヴォージュ広場は、後年の長い衰退の時期に落ち入る以前（今日ようやく人々が、往年の広場の名声をとりもどすことに意を用いはじめて来ましたが…）ルイ15世の時代に至るまでパリ社交界の中心であったマレー地区のさらに中心地であったのです。アーケードに縁どられた散歩道の上に建てられた、同じスタイルの屋敷の多くには、当時のパリの最高の家柄の貴族達が軒を並べて住んでいました。

19世紀ここの屋敷のひとつに、ヴィクトル・ユーゴーが好んで居を構えました。

今日、文豪の記念館になっているこの屋敷の窓からは、ルイ14世下のフランスに至ってもっとも完成された古典的な建築様式の初期のひとつの典型である、調和のとれた美しい広場が一望のもとに見わたされます。

パンテオン
ラテン区の傾斜の頂上にあって、パンテオンの雄壮な円屋根は、セーヌ左岸の東部地区すべてを睥睨している。この円屋根を冠した旧サント・ジュヌヴィエーヴ教会は、1756年建築家ジェルマン・スフローにより始められ、大革命のち「偉人」崇拝のためにささげられた。石柱にかこまれたこの聖域の作者は、「ゴチック建築の軽妙さとギリシア建築の純粋性と壮重さとを、ひとつの最も美しい形にまとめあげよう」と試みた。彼の中世についての造詣は、教会のこった構造に知ることができ、いっぽう彼の古代崇拝は、ローマのパンテ

オンをまねた正面の壮麗なコリント様式の列柱にあらわれている。内部では、これもまたコリント様式の柱が、この驚異あふれる建物の円屋根の下の大きな空間を境としている。広大な絵画構成、中でもピュヴィ・ド・シャヴァンヌによって製作され、首都パリの守護聖女サント・ジュヌヴィエーヴの歴史の跡を追った一連の絵が、この雄大な神秘を飾っている。そこには、他の偉人とともにジャン・ジャック・ルソー、ヴォルテール、ヴィクトル・ユーゴーの遺体が休息している。

サンテチエンヌ・デュ・モン教会
かつてこのルネサンス期の微妙な石の橋の上で福音が述べつたえられた。ふたつの階段がこうしたジュヴェの脇添えある。パリに残るのは、16世紀まで大教会にみられ、内檀と外檀とを区切り、その上で福音書の朗読がされたが、聖歌隊の儀式を参楽にかくすのですた（ジュヴェのみ）ふたつの階段は、内檀の第一列目の柱を螺旋状によじのぼり、この輝かしい教会を飾っている。ほかに比べてとりわけ魅力的な聖域として「大学」の中心教区の教会であった。ここには、ルイ14世の治下にパスカルとラシーヌの遺灰が移された。また、ここはパリの守護聖女サント・ジュヌヴィエーヴへのつきない巡礼の地としてパリとともにある。さらにまたここで、16、17世紀の大きくて美しいステンド・グラスの華が開いたのであり、くわえて数多くの芸術作品、とりわけラルジリエールとド・トロイによる記念的大作複数がある。パンテオンとなり、アンリ4世高等学校となった旧サント・ジュヌヴィエーヴ修道院のすぐ隣りに位置し、サンテチエンヌ・デュ・モン教会は、17世紀初頭の瀟洒なピラミッド型の正面をもっている。終りに近づいたゴチック様式と生まれかけていた古典主義との理性的な結婚を見てとれよう。

テュイユリーの庭園
セーヌに直角に、ルーブル宮殿の西端に、そこに接続して建てられていた テュイリーのお城は、パリ・コンミュンで炎上し、12年後の1883年取りこわされた。この城は、16世紀の中ごろ建築家フィルベール・ド・コルム により、アンリ2世の妃メディチ家のカトリーヌが王の死後建て始めた。その後各王の治世とくにルイ14世の治下に拡大され美化された。ナポレオン1世からナポレオン3世まで、ここはフランスの君主の公邸であった。ルーブルからコンコルド、リヴォリ通りからセーヌまでのあいだ、現在残るのは有名な庭園だけに死後もかわらずつきそう寡婦といえようか。

17世紀の中ごろ、アンドレ・ルノートルにより壮大に企画しなおされたのち、この王立庭園は公衆に広く開かれ、パリの一種の中央広場として、今様、粋、パリ風の行きかう場所となった。流行はそこを見はなしてしまった。しかし、ふたつの池の一方から他方へとコンコルドを越えてシャンゼリゼーへのびて、庭の中軸を走る大きな散歩道は、つねに散策と冥想の場所であり、フランス庭園の一大傑作である。

パレ＝ロワイヤル（王宮）
この陰気で高貴な庭園は、18世紀末の広大な宮殿の回廊にとりまかれている。ただ子どもと恋人たち、

鳩と猫だけが、ルーブルから数歩のまどろみかけた大空間をいきづけている。そこにはパリの歴史がかすかなざわめきとして聞こえる。その名は若きルイ14世がこの宮殿にすごした日々を物語っている。

ルイ13世の宰相リシュリュー枢機卿のために、建築家ジャック・ルメルシェによってパレ・カルディナルの名でルイ13世の死後、更に遺贈された。その後、パレ＝ロワイヤルはルイ14世から弟オルレアン公フィリップに贈られ、大革命までフランス王家の別流の所有であった。

大革命勃発の数年まえ、平等のフィリップと呼ばれた、オルレアン公ルイ・フィリップ・ジョゼフは、建築家ヴィクトル・ルイに命じて、庭園のまわりに現在ものこる巨大な建物をつくらせた。その回廊は、喫茶店・レストラン・遊戯場・あいまい宿に占領され、革命前夜の扇動家たちが思うがままの壺としていた。

パレ＝ロワイヤルのにぎわいは、そのころを最高潮として19世紀の30年代まで、すなわち、ロマン主義の時代までひきついだが、1836年遊戯場の閉鎖を機会に火が消えてしまった。パレ＝ロワイヤルの庭園は、青年時代の狂気を忘れたふりをする、夢さめやらぬ老革命家以上の ともいえようか。

オペラ劇場
表面積で世界最大の劇場、1862年から1875年にかけて建てられたパリ・オペラ劇場は、第二帝政下の折衷的建築の代表作また19世紀後半に特有な新バロック様式の旺盛さの表明といえる。

パリは、ナポレオン3世の君臨のもとで、計画的にそのよそおいを新たにした。

建築家シャルル・ガルニエにより建てられたこの巨人的な劇場は、その豪華な姿により、首都の豊かさを誇示する目的に正確に応えたものであった。当時パリ市は、セーヌ県の知事オスマン男爵の全体計画のもとに新しく作りなおされていた。前世紀全体を通して、流行界の中心であった、グラン・ルヴァール（単に「大通り」と呼ばれた大通り）に面して、この劇場は、同じ調子の建物にかこまれた広場の中心を占めている。同時に建てられたまわりの建物は、高級専門店に占められ、その大変にしたいはほとんどたえることがない。この恒常的な祭りの場に豪華な性格を与えるために劇場の正面におしまれたものは何ひとつない。ありとあらゆるがごとく飾る無数の彫刻の中でも、そのうちのひとつは取りわけ傑作である。すなわち、ジャン・バプティスト、カルポーの手になるリアルで肉感的な「踊り」の一群である。

内部では、立派な階段、広い楽屋そして演奏会場そのもの、会場の円天井は、最近マルク・シャガールの筆で彩どられた。これらは装飾的であるばかりでなく、輝くまでの豊かさも反映している。そこに19世紀の精神がすべてある。

モンマルトルのサクレ・クール寺院
1876年開基。この新ロマン様式の寺院は、公式にフランスがイエスの聖なる御心（サクレ・クール）に捧げたもの。モンマルトルの山の上、首都のもっとも高い地点にたっている。そのつねに純白で、雄大な円屋根をもって、サクレ・クールは、北の端からパリの屋根全部を見おろしている。

美術的な面での価値は乏しい。しかし建築家ポール・アバディによるこのような建築は、パリおよび国際的にひろがるカトリ

ック教徒の伝統的な信仰深さを、20世紀にあっても、以前におとらず体現している。

そこはいつの時代にもたくさんのいいつたえがささやかれていたところ。生の楽しみが、祈りの静けさをみだすことのないところ。異教の神々のあとにひきつづいて、キリストたちの殉教したところ。この地で処刑された聖人ドニのいいつたえに、マルス、メリクリウスの伝説がつながるところ（ここにはこのローマの二神の神殿があったとされている）。

16世紀、イグナチオ・デ・ロヨラがイエズス会の基礎をきづいたところ。またピカソの名とともに、近代絵画がバトー・ラボアール（洗濯船）で生まれたところ。田舎風の居酒屋から現在の1100のキャバレーにいたるまで、パリがつねに歌い、おどってきたところ。これがモンマルトルという、ただひとつの名にとじこめられた逆説、いきいきとして矛盾にとんだ教訓である。

コンコルド広場：比類なきひとつの空間。広くセーヌへ開け、テュイユリー公園とシ界でもっとも美しい広場とよんでも、大げさではない。建築家ジャック・アンジュ・ガブリエルの発想で、ルイ15世の治下、18世紀の中ごろにこの広場は生まれた。最初、王にささげられ、その後理想高く国民統合を祈って、コンコルドの名が与えられた。

広場の北側には、マドレーヌ教会へ至るロワイヤル通りをはさんで、ふたつの壮重な館が、コリント様式の列柱を前にひかえさせて並んでいる。広場の中心には、もとルイ15世の騎馬像が立っていたが、そこから遠からぬところで、ルイ16世は大革命のためギロチンにかかった。

1836年、ルイ・フィリップ王はエジプトルクゾルのオベリスクを中心にすえ、脇持としてふたつの噴水盤をおいた。橋の中心軸上、河の左岸には、ブルボン宮の正面をなすもうひとつの列柱が見え、反対側のナポレオンが「栄光の神殿」に転換しようとしたマドレーヌ教会の正面と対応している。

こういったところが、このほとんど物量にたよることのない広場のあらましで、そこではつまるところ、石が重要な役割をせず、広場をとりまく水とか木とか、上にひろがる空とかで全体が作られている。そして日々刻々とこの広場を変身させていくパリの光がそこにある。

エトワルの凱旋門：ルイ14世の治下、ヴェルサイユ庭園の設計者アンドレ・ル・ノートル指揮で切り通された、シャンゼリゼ大通りにそって、かすかにのぼる傾斜の頂上には、ひとつの記念建造物が長い間切望されていた。

しかし、エトワルの凱旋門がその上に立ちあらわれるのは、ナポレオンの治下、ようやく1806年になってのことである。

建築家シャルグランの設計で、これは伝統的な姿を継承しながらも、古代から現在に至る凱旋門のうちで最大のもの。帝政の崩壊でおくれ、この巨人的の列柱は実にゆっくり立ちあがった。それが完成するは、1836年ルイ・フィリップの治世である。

大革命と帝政下の勝利に輝く諸軍団に捧げられたエトワルの凱旋門は、その前後の正面に彫刻群像を持ち、中でもそのうちのひとつは、19世紀のフランス彫刻の最大傑作。フランソワ・リュドによる「1792年の志

願兵出発」は、叙事詩的・叙情詩的という表現が許されるとしたら、その構成上、国歌マルセイエーズを象徴している。

1920年以来、第一次大戦の無名戦士の墓の上に、昼夜消えることのない火がともされ、この壮大な記念碑の中心に厳粛に葬られた魂をしずめており、フランス愛国精神の主祭檀となった。

ルーブルからエトワルをのぞむ眺望：このほかに並ぶもののない眺望は、西方に向けて放たれた一本の矢のごとくまっすぐにのび、幾世紀もの歴史の流れの中で、つねにパリの注目の的であった。過去を未来へと結ぶ、さけられないひとつの軌跡といえよう。

ルーブルという、王、皇帝、国民とその主人をかえた宮殿、その両翼の回廊の間、ナポレオンの所望になるカルゼルの凱旋門から見るひとつの眺望は、テュイル一公園の中心軸にそって伸び、コンコルド広場を越えたあと、ルイ15世の治下に開かれたシャンゼリゼ大通りを通り、エトワルの凱旋門へと至る。このナポレオン期の凱旋門を越えるとグラン　ダルメ大通り（大軍団通りと訳される）、さらにヌィイー通りと続いて、デファンスの大ロータリーへつながっている。

デファンスには高層建築がにょきにょきと立ち並んで、21世紀のパリをおぼろに描き上げている。東から西から、このふたつの世界が向かいあっていて、互いに見知らぬ時代の子であるが、いつの日か理解しあう日がやってくるだろう。現在、このふたつは互いに見つめあって満足している。あとは私たちの時代にとって、この無類の眺望——これは決して偶然の結果ではなく、一致したひとつの意志の成果であるが——の何が本質なのかを考えなおしていくことだろう。この持続した創造は、ヨーロッパ風都市計画の大傑作である。

アンヴァリッド（廃兵院）：運命のいたずらが、諸王の中の最大と呼ばれるものの遺跡を、皇帝の中の最大と呼ばれるものの記憶に結びつけた。1670年、老戦士たちのためにアンヴァリッドを設立したのはルイ14世だった。そして、この一群の大建築の中心をなすドーム教会に、ナポレオンの遺骸が移されるのは1840年である。

この修道院にも似た、厳格で緻密な、もともと病院用の建物を建てた功績は、建築家リベラル・ブルアンに帰す。みごとな正面中央、正門の上に迫り持たれた大きな切妻を、ルイ14世の騎馬像が占めて、前面にひろがる広場を見わたしている。

すべての構成は、ふたつの教会を中心に配置されている。ふたつの教会はもともとひとつの建物であったもので、ひとつは軍人の教会と呼ばれ、ブルアンの計画をうけてジュール・アルドウアン・マンザールが建てたとされ、敵軍からうばった軍旗を納めている。いまひとつのドーム教会は、やはりマンザールの傑作で1706年ルイ14世により除幕された。

窓のあいた明り取りの上に、一本の矛をつきたてて円屋根の上を飾り、同種の中でもっとも純粋、もっとも完全とされる円屋根を戴くこの教会は、すぐれたフランス古典主義の代表である。

子息のローマ王、弟のジェローム、ジョゼフ両王にかこまれて、ナポレオンはこの教会の地下に作られた納骨堂の中にねむっている。ほかの大軍人たち（テュレンヌ、フォ

ッシュ、リョティ、オトクロックのルクレール各元帥）も、皇ルクレック・ド・オートロック各元帥）も、皇帝の遺骸から遠からぬところ、聖なる内檀の中にねむっている。換され、フランスの軍事上の栄光を記念する大殿堂である。

パリの橋：パリは水の都です。セーヌ河のまわりにふたつの島と、右岸左岸のふたつの岸の上にうち建てられた水の都です。

32の橋がセーヌ河にかかっています。もちろんこれらの橋は、2000年の間に数えきれないほど造りかえられ、今日では古代ローマ風の橋弧はおろか、そのあとにくる中世期の橋弧でさえ、多分にのこっていないことはいうまでもありません。現存の橋弧のいちばん古いものは16世紀にさかのぼり、アンリ3世下にシテ島の西端につくられた橋を支えています。

この橋はパリの名高い最古の名橋で、名前だけはその歴史と反対にポン・ヌーフ（新橋）と呼ばれています。

16世紀までのフランスの橋が人家を橋の上に並べていたのに対して、このポン・ヌーフに至り、初めてそのひろびろとした強靱な橋板の上には、家を一軒も建てず、四方にながめの開けた建て方にして、パリの橋の歴史の上に美的価値ある大改良をなしとげたのです。

この時分からパリジャン達はこの橋をおもな散歩道として、大いににぎわいました。橋の中央に建立された、青銅の駿馬にまたがったアンリ4世像のほほえんだ目の下で……。このほか三つの橋だけが旧帝政時代の建築としてのこされています。

すなわち、ルイ13世下に建立され、マレー地区とサン・ルイ島（イル・サン・ルイ）を結ぶマリー橋（ポン・マリー）と、ルイ14世下に名建築家アルドウアン・マンサールにより設計され、旧テュイルリー宮のフロール館前にかけられたロワイヤル橋で、橋上からは、ちょうどバルコニーがながめるように、シテ島のすばらしいシルエット、ドーフィヌ広場のグレーやばら色の家々、その上を飾るサント・シャッペル寺院の尖塔や、ノートルダム寺院の南塔・北塔などの絶景が展開され、人々は倦むことがないでしょう。

ュラ）で、橋上からは、ちょうどバルコニーがながめるように、シテ島のすばらしいシルエット、ドーフィヌ広場のグレーやばら色の家々、その上を飾るサント・シャッペル寺院の尖塔や、ノートルダム大寺院の南塔・北塔などの絶景が展開され、人々は倦むことがないでしょう。

もっと西の方によると1900年にアンヴァリッドの正面にかけられた壮麗なアレクサンドル3世橋があります。装飾塔を林立させ、彫像をいっぱいにほどこしたこの橋は、多少誇張された面はあるものの、フランスの"よき時代"（ベル・エポック）のもっとも忠実なスタイルを示しております。

これらの古い橋、新しい橋、豪壮な橋、素朴な橋。それぞれのおもむきをもつこれらの橋は、パリの歴史的詩的な風景の中に欠くことのできぬ存在としてとけこんでいるのです。人々はパリの橋上を踏みしめながら、ふとこの橋のこしがゆく末を夢見ないではいられないのです。

橋は、パリの持つあやかしのようなミステールな魅力のひとつになっているのです。

Imprimerie Darboy 93100 Montreuil
Novembre 1973 - Dépôt légal 1973-4e
N° de série Editeur 6410
IMPRIMÉ EN FRANCE - PRINTED IN FRANCE
79.902-11-73